私が私として、私らしく生きる、暮らす

知的・精神障がい者
シェアハウス
「アイリブとちぎ」

河合明子
日高 愛

Akiko Kawaai
Ai Hidaka

クリエイツかもがわ
CREATES KAMOGAWA

「私らしく生きる」を模索するあなたへ
大切な人の「私らしく生きる」を願うあなたへ
アイリブの日常をお届けします。

「私が私として、私らしく生きる、暮らす」アイリブ。

合同会社リビングアーティスト　代　表　河合 明子
副代表　日高　愛

Prologue

栃木県塩谷郡高根沢町。田んぼに囲まれた空がとっても広い町。宇都宮市の北東に隣接する人口3万人の東京から100キロメートル離れたこの町の住宅街に、知的・精神障がいを抱えた住人が集うシェアハウスのような一軒家、「アイリブとちぎ」がある。

そこは、2000年に大阪でアルバイト仲間として出会った福岡と大阪出身の2人の女性が、なんだかよくわからない運命に引き寄せられ、2018年この町につくったグループホームで、現在「アイリブとちぎ」×5棟と、「アイリブ訪問看護ステーション」を運営している。

障がいによって困りごとを抱えた彼、彼女たちは、アイリブとちぎに住みたいと思い、自分らしく生きるために、毎日生きづらさや困りごとに向き合いながら、この町、地域の中で、あたり前に、笑顔で暮らしている。

アイリブとちぎ

（運営：合同会社リビングアーティスト）

法人理念	人はみな人生の芸術家
経営指針	まだここにない LIVING を柔軟な発想と自由なアイデアで生み出し、新しい生き方・働き方にチャレンジする人を支援し、個性に前向きなコミュニティ（和）を育みます。
事業所名	アイリブ　I Live（意味：私が生きる）
コンセプト	私が私として、私らしく生きる、暮らす

第1号棟 アティーナ

（女性・定員4名）

栃木県塩谷郡高根沢町宝積寺

日当たりよく可愛い黄色い戸建て住居。
JR 宝積寺駅から徒歩3分という立地も魅力的！
近隣にコンビニやスーパーあり。

女性棟はディズニーの
「リトルマーメイド」の
アリエルの7人姉妹
の名前♡

第2号棟 アラーナ

（女性・定員4名）

栃木県塩谷郡高根沢町宝石台

黄色い可愛い戸建て住居。
近隣に公園があり、目の前に田んぼが広がっている。
就労継続支援A型、B型徒歩圏内。

第3号棟 ドック

（男性・定員4名）

男性棟はディズニーの「白雪姫」の7人の小人の名前♪

栃木県塩谷郡高根沢町宝石台

住宅街の中にある戸建て住居。
近隣にコンビニ、内科、歯科、整骨院充実。
就労継続支援A型、B型徒歩圏内。

第 4 号棟 アクアータ

（女性・定員 4 名）

栃木県塩谷郡高根沢町宝石台

住宅街の中にある戸建て住居。
近隣にコンビニ、スーパー、美容室、しまむらなどが充実。
就労継続支援 A 型、B 型徒歩圏内。

第５号棟 アリスタ

（女性・定員４名）

栃木県塩谷郡高根沢町宝石台

黄色いキレイな戸建ての住居。
近隣に公園があり、目の前に田んぼが広がっている。
就労継続支援Ａ型、Ｂ型徒歩圏内。

GH

アデーラ

グループホーム事務所

NS

アンドリーナ

訪問看護ステーション事務所

CONTENTS

Part 4 アイリブで働くスタッフ

Part 5 アイリブ×作業療法士のマネジメント

日高愛

Part 6
私が私として、私らしく生きる、暮らす

[INTERVIEW]

[アイリブEpisode]

Part 1

アイリブで暮らす メンバーたち

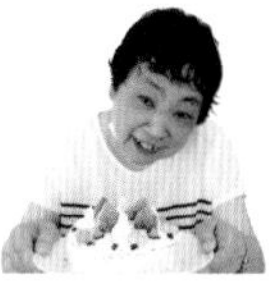

アイリブで生活をするメンバー（入居者）は
とてもユニークな方たちばかりです。
その中から３名のメンバーの
生い立ちからアイリブとの出会い、仕事などを
ご紹介します。

スーパーポジティブガール♡

「おーいしー!!」

アティーナの食卓に響き渡る声、世話人さんの食事を味わうポジティブガール、あまねさんの声♪

その声にご飯をつくる世話人さんもにっこり、癒されています。

ミッキーマウスが大好きな彼女の口癖は「いいね！」。

小さな身体から生み出すスーパーポジティブな彼女の笑顔と言葉「いいね！」は、魔法のように周りの人をみーんな笑顔にしてくれます。

そんなあまねさんも朝は大の苦手。6時に世話人さんが、「おはようございます」とお部屋のドアを開けると…「眠い！」と起きません。
10分後も「眠い!!」と世話人さんが掛け布団を除けるとバッと手で表しています。
…20分後も「眠い!!」……だんだん世話人さんも声が大きくなり、「あまねさん！
起きてください!!」。

そんな声かけでは起きません！ ポジティブガールは、「今日は、誕生日会の準備の飾りつけの日ですよ！」「もうすぐ七夕だから、飾りつけ何にしようか？」「皆勤賞、頑張ってますねー、さぁーお仕事行きましょう」など、ポジティブでワクワクするような声かけには、「はーい！ おっはようございます!!」と、元気に起きます。

新しく入った世話人さんからは、「あまねさんが起きません…」と、朝連絡がくるのが定番。そうやってアイリブの世話人さんは、あまねさんに自然にポジティブに育ててもらっています♪

あまねさん（20代・女性）……知的障がい・障害支援区分3

アイリブとの出会い

パパとママは、生まれつき障がいのあるあまねさん自身を尊重しながら大事に育ててきました。特別支援学校高等部を卒業したあとに、あまねさんが家を出て自律生活することをまったく想像もしていなかったとか。というより、そのような選択肢があることを知らなかったようです。

高校時代のある日、担当の相談支援専門員さんに「あまねさんもいつかグループ

議会だよりの表紙を飾るあまねさん

ホームで暮らすのかな?」と言われ、その時は「あまねが家を出るなんてない! ない!」と、思って聞いていました。でもなんとなくその時から頭の片隅に〝グループホーム〟というキーワードが残っていたそうです。

そして、19歳になったあまねさんの誕生日に、近所にたまたまグループホームアイリブとちぎ第1号棟の〝アティーナ〟ができました。パパとママとあまねさんの3人で見学し、グループホームの2階の部屋を見た両親が「この部屋に決めた!」と即決し、あまねさんも「お友達と一緒に住む!」と、自宅を出て自律生活を歩むことになりました。

アティーナと同じ誕生日のあまねさんが、アイリブとちぎ第1号入居者となり、アイリブとともに一緒に成長しながら、ここまで歩んできました。

みんなに愛される――あまねさんのストーリー

1654グラムで誕生し、第15染色体異常・知的障がいがありました。

2歳では一人歩き!!　サイズがないのでぶかぶかな靴を履いて公園デビュー、3歳から保育園に行ってたくさんの人と関わりながら楽しく過ごすようになりました。3歳半でディズニーランドデビューをしました。その後、小・中・高と特別支援学校に通い卒業しました。140センチの小さな身体でなんでもめいっぱい楽しむあまねさんは、どこに行ってもみんなの輪に入っています。特に特別支援学校時代の思い出を、卒業アルバムを見ながら話してくれます。修学旅行で行った大阪のUSJ（ユニバーサルスタジオジャパン）が楽しく、「大阪！　行った！　たこやき！　最高！」と、何度も話してくれます。

卒業後は就労移行支援を経て、ウエイトレスや軽作業など、いくつもお仕事を見学・体験に行き、「おうまさん!!　いく!!」と、自分でお仕事を決めて、現在の就労継続支援B型事業所〝たてがみ〟で働いています。

お母さんは、「子どもの頃から愛嬌があって誰からも愛される人、思い切りのいい性格です」「障がいがあっても普通の子と同じように…ではなく、障がいをちゃんと認めてあまねちゃんに合った学校に行って、いろんな人に関わってもらって、好きなこと、楽しいと思うことをさせてきました。頑張って普通に合わせることよりも、その子らしく、笑顔で挨拶や感謝を伝えることができて、みんなから愛される子に育てるってすごく大事だと思うの」と、子育てを振り返ってお話しされます。

素敵なご両親の子育て論が、あまねさんがみんなから愛される秘訣だと感じています。

大好きなもの

ディズニーのミッキーが大好きで、ミッキーを見るとテンションが爆上がりします。

ディズニー大好きあまねさん

ディズニーランドやシーのパレード動画をＹｏｕＴｕｂｅで見たり、ミッキーを描いたり、ミッキーの塗り絵をしたり、折り紙でミッキーを作ったり、図書館でディズニーランドの本を借りたり、と日常にミッキーがあふれています。

服もミッキー＆ミニーが多いのですが、服に穴があいてもミッキーしか見てなくて「可愛い」と着てしまうので、時々お母さんに協力してもらってグループホームの服を入れ替えます。「ディズニーランドに行きたい！」と、お給料を貯金しながら、ミッキーに会うためにお仕事を頑張るあまねさんです。

趣味「ダンスにゴスペルに」

土曜日は、子どもの頃から続けているダンスにゴスペル

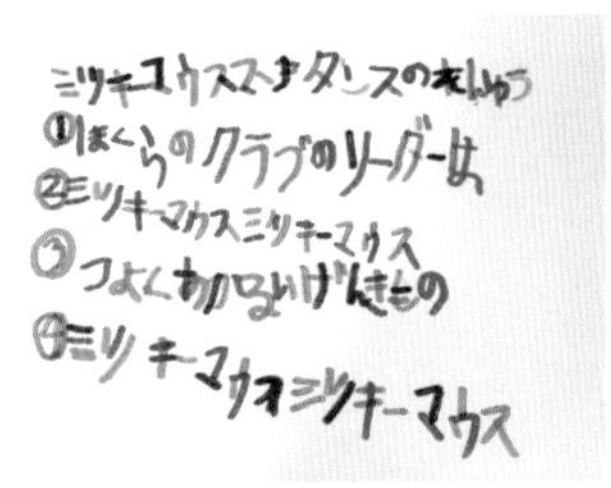

ディズニーの歌詞を書く

愛をこめて作った折り紙

土曜のダンスイベント

に大忙し、送迎係は大好きなパパです。コンサートやイベント出演も多く、パパはカメラマンとして活躍しながら、あまねさんをサポートしています。

イベントや楽しいことが大好きなので、前日の夜はちょっぴり興奮しすぎてなかなか眠れません。夜中に2階の居室でドタバタ動いていると、世話人に「あまねさん。寝る時間ですよ！」と怒られることも…。

ホームにいる時も、時間があれば、ダンスやゴスペルの練習を一生懸命するあまねさんをアイリブスタッフも応援しています。コンサートの日は、両手

にペンライトをもつアティーナ世話人の姿が見られます♪♪

←お仕事『就労継続支援B型事業所『たてがみ』』

馬の世話、革細工、ハウスの野菜の手入れなど

毎朝「行ってきまーす」と、アティーナ前の宝積寺駅のロータリーに行き、たてがみさんの車が迎えに来て出勤しています。たてがみにはたくさんの馬がいるので、馬小屋で馬の餌を分量を計りながらつくったり、馬のボロ（糞）をとったり、馬やポニーにブラッシングをしてお世話をしています。

あまねさんは、〝ちくちく〟（革細工）も大好きでハート♡型の作品も作っています。みんなで車に乗って隣町のビニールハウスに行き、草刈りや野菜の収穫を行う日もあります。ハウスに行った日は、手や爪が真っ黒になってホームに帰るので、世話人さんと一緒に手を洗っています。

最近は、CO・OPの販売のお仕事も担当する日があり、あまねさんの売り子は

大好評です。「いらっしゃいませ」と販売が好きでお仕事を楽しんでいます。

あまねさんは、たてがみに通ってから、お仕事を1日も休まず年間皆勤賞をもらっています。同じ事業所に通うアイリブ入居者は「すごいね！」と、毎月、皆勤賞を誇らしくもらうあまねさんを尊敬しています。

馬のブラッシングも丁寧に

「ちくちく」革細工製作

大好評の売り子

ストレングス（強み）

- ポジティブな考えと行動力、チャレンジする力!
- 優しく周りの気遣いができる♡

困りごと

- コミュニケーションは、単語や短い文章で話す。
- 楽しいことが大好きなので、嫌なこと・つらいこと・困ったことを伝えるのが苦手。
- 日常生活（頭を洗う・洋服を整理する・洗濯をする・お金を管理する・お出かけするなど）にお手伝いや一緒に行う必要がある。

アイリブ支援のポイント

- 言葉の説明でなく、わかりやすい文字やイラストで約束事を決めて伝える。
- ワクワク・楽しくなるようなポジティブな声かけをする。
- お菓子やジュースは、約束事のご褒美として量を調整する。

アイリブ支援の紹介

チャレンジ 1 困ったことやSOSを伝えよう!

あまねさんは15時にお仕事から帰ると、鍵を自分で開けてグループホームに帰宅し、17時に世話人さんが出勤するまで、ダンスの練習をしたりYouTubeを見て過ごしています。

あまねさんは、言葉を単語や短い文章で伝えるので、顔の見えない電話で話をすることができません。また、困ったことやSOSを伝えることが苦手なので、一人の時に困ったときの連絡手段をみんなで考えました。

支援

サービス管理責任者とお母さんと相談し、連絡手段の検討をしました。ご家族が携帯電話を購入し、LINEにチャレンジすることになりました。ホームでの食事中やイベントでの様子を生活支援員や世話人とともに、ご両親やサービス管理責任者にLINE

するよう声かけをし、繰り返し行っています（写真・スタンプ・単語の文字を活用）。

LINE例：誕生日ケーキの写真、買ってもらった塗り絵の写真、家族とのキャンプ写真に「キャンプに来ました」と入力など。

SOSを伝えられるようにサポート

覚えるのが早いあまねさんは、あっという間に慣れて、世話人が知らない間に食事の写真を送っていることもあります。いまでは、携帯スケジュールアプリを活用して予定が決まるとすぐに書き込んでいます。まだSOSや困りごとを伝えることは難しいのですが、日々の生活の中でご両親やサービス管理責任者とLINEでコミュニケーションをとりながら、困ったことがあったときには、ＳＯＳを伝えることができるようサポートしています。

チャレンジ２ 甘いジュースやお菓子を控えよう！

あまねさんは、甘いジュースやお菓子が大好きです。家にいるとついつい勝手に飲んだり、食べたりしてしまいます。

約束事をイラストにしてわかりやすく支援

グループホームでは、平日は朝・夕の食事のみ、飲み物としてお茶を提供しています。ご飯も食べすぎないように１食１００グラムと決めて自分で計っています。ジュースは、週末の金曜日に１週

自動販売機の前で

間の仕事のご褒美としてお小遣いを世話人から渡してもらい、好きなものを買います。金曜日の夕方、駅前の自動販売機でジュースを買ってきて、グループホームで飲むときは「ぷはーっ!!」と、至福の時間です♪　おやつやアイスなどのデザートは、週末など家族とのお出かけの時のご褒美タイム。

日常の約束事を決める時には、あまねさんとお母さん、サービス管理責任者で話し合い、ご褒美も一緒に決めます。決まった約束事は生活支援員がわかりやすくイラストを入れながら作成し、あまねさんにお話しします。世話人は、約束事を日々、声かけしながらサポートしています。ご褒美が大好きなあまねさんは、一生懸命頑張って、ご褒美タイムを楽しみにしています。

ご褒美がうまくつながり、約束事を守れている

グループホームでは、おやつを食べたり、ジュースを飲み

イラスト入りの約束事

イベントのご褒美

すぎることなく、毎日の食事を楽しみに「おーいしー!!」と、食べています。週末には、家族とのご褒美タイムを楽しみにしています。体重が増えることもなく体調も安定しています。約束＝ご褒美がうまくつながり、家族の協力もあって、アイリブの日常での約束事を守ることにもつながっています。

〝自立（自律）を見守る〟ご両親の思い

Q 19歳でアイリブとちぎに入居を決めた理由は？

母 家からすごく近かったこと。同じ学校のお友達も一緒だったこと。部屋が広くて綺麗だったこと。

父 高等部卒業の年に、こんなに近くにグループホームができるなんて、まさにグッドタイミング。お互い惹かれ合ったとしか思えない。速攻で決めました。

Q 入居から3年が経過してどういう思いですか？

母 入居させてよかったです。すごく自律しました。

父 親と娘、ちょうどよい距離感で、彼女なりの社会・世界を構成できていると思う。

Q ご両親からみるアイリブとちぎとは？

母 理念があっていいと思います。

父 企業としては少々危なっかしく思える場面もあるけど、スタッフさんがプライベートな時間を割いてまで寄り添っていただいており、本当にありがたく思います。感謝。またバスツアー開催してください。

Q 障がいのあるお子さんのご両親に伝えたいこと

母 若いうちに親元を出したほうが順応性が高くてよいと思います。親が年をとってから慌てて預け先を探す…とい

あまねさんとパパ（バスツアーにて）

世話人への普段の感謝をこめて

うのは、本人にとってもあまりよくないと思います。グループホームにしても就労場所にしても、本人に最後は決めさせることが大切かと思います。

本人が家を出てやっていけるのだろうか?という心配から、家庭の経済的な心配までいろいろあると思いますが、「なんとかなるさ」くらいの気持ちで送り出してあげてください。

一緒に暮らす入居者との人と人とのおつきあいなので、うまくいかない場合もあるでしょう。そんな時は、「いつでも帰っておいでー」と、広い心で迎えてください。〝子どもは、親が思っているより強い!〟

父

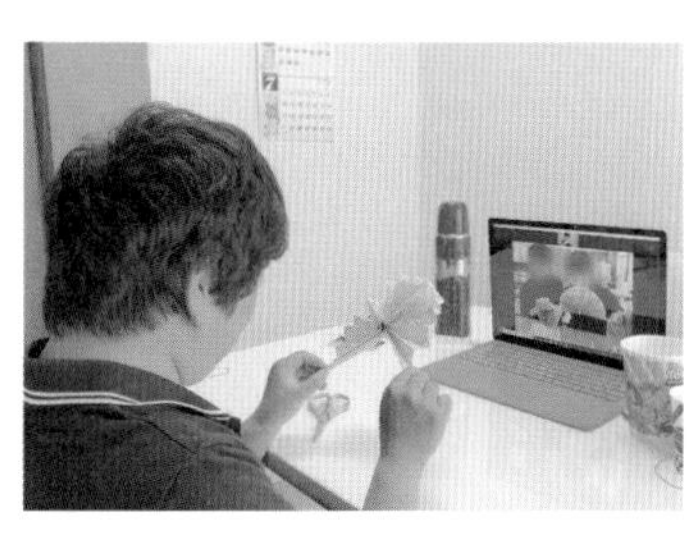
高知のオンライン授業

アティーナクリスマス会

I Live Member

水曜日の女優さん

「頭が痛いよ」「めまいがするよ」「お腹が痛いよ」

アラーナ棟に夕方17時に世話人さんが出勤すると、2階の部屋から女優さんがリビングに現れます。真っ暗な表情でうつ向きながら話かけてきます。世話人さんは、「きたきた…」と思いながらも、「いっちゃん大丈夫だよ」と、優しく声をかけます。「明日は、仕事行かないよ。休んでいいかな?」と、高い声は続きます。「いっちゃん、まだ夕方だよ。ゆっくり部屋で休んで、寝てから明日考えようね」と、世話人も決して「休んでいいよ」という声かけはしません。

夕方の世話人は大忙し!! 慌ただしく夕飯の食事とお風呂の準備をして動いています。そんな忙しい世話人さんを見て、「はい…明日ね。行けないかもしれないよ」と小さな声で言いながら、あきらめて2階へあがる日もあれば…ある日は、急に床にバタンッと倒れることも！

世話人さんがビックリして「いっちゃん大丈夫?」と、声をかけると、「行けないよ…」と目をつぶってか細い声…。でも世話人もすかさず、「いっちゃん、立てる?」と、言うと、すくっと立ちあがるのは、なんと早いこと！ とくに、週の真ん中の水曜日は、仕事を休んでカップラーメンが食べたいので、いつものやりとりが多くなり

アラーナ棟のメンバーと外出（前列左から3番目がいづみさん）

ます。

　アイリブきってのベテラン世話人の２人も慣れてきて、女優さんをあの手この手でかわして、なんとか仕事に行けるようポジティブな声かけの支援をしています。そして、一晩明けて朝のお迎えの時間になれば、誰よりもきっちり時間通りに準備万端で玄関に登場する几帳面ないづみさん！　玄関から出てお迎えの車を待っていて、笑顔で「行ってきまーす！」と出発。

　お仕事帰りには、「楽しかった！　ただいま。今日は、塗り絵したよ！」と、笑顔で元気に報告し、どんなに疲れていても、恒例のアラーナ棟周辺の巡回として、お庭の野菜の水やり・収穫、洗濯物をチェックして帰宅します。また数時間後…17時の世話人さんの出勤とともに女優さんがおりてきます♪

爆笑中のいづみさん

お庭のお手入れ

いづみさん（60代・女性）……精神障がい（統合失調症）・障害支援区分4

アイリブとの出会い

いづみさんは、ずっと茨城県の実家に住んでいましたが、お母さんが亡くなってから食生活が乱れて体調を崩し、入院・手術となりました。退院先を考えていたときに、お姉さんがいづみさんの年齢や体調を心配して、グループホームとして開業したばかりのアイリブを探してくれました。

はじめて実家を出たいづみさんでしたが、大好きなお姉さんが決めてくれたことだから、とすぐに受け入れて、アイリブへの入居が決まりました。「前は笑えなかったんです…」と、大笑いしながらお話しし、スタッフを見つけては、「指相撲しよう！」「腕相撲しよう！」と戦いを挑むいづみさんです♪

お姉さんが大好き――いづみさんのストーリー

茨城県に生まれ育ちました。20代ではじめて社会に出たときに、仕事のストレスと父の死が重なり病気を発症しました。それでも、お母さんにサポートしてもらいながら、服薬治療をして自宅で生活をしていました。お母さんと一緒に毎日、農作業や家事を行い、おじいさんの介護をしていたこともあります。当時は五右衛門風呂を沸かしていたこともあったとか⁉

高齢のお母さんが亡くなったあとは、お兄さんと2人でしばらく暮らしました。時々死にたくなったり、気持ちが不安定になって暴れてしまうときもあったとか…お姉さん夫婦は、一緒に暮らしていませんが、ずっと支えてくれていました。しかし、体調を崩して入院・手術となりました。

手術後の精神病院入院中、病院からアイリブを見学に来て、2泊3日の体験入居を繰り返しました。相談支援専門員の地域移行支援を利用しながら、アイリブへの入居が決まりました。入居当初のいづみさんは、手術をしていたので体力がなく、腰痛もあり、2階のお部屋と1階のトイレの行き来も息切れしながらやっと……散歩も50メートル先の公園に行くのがやっとでした。少しずつお散歩に行ったり、トイレに毎日たくさん通って体力をつけていき元気になりました。

いづみさんは、お姉さんが大好きです。「お姉ちゃん、大好き」と、寂しかったり、ほしいものがあると「いつ来るの？」と、電話を何十回とかけすぎてしまうことも…週末にアイリブに会いに来てくれるのを楽しみにしています。お姉さんは、そんないづみさんの一番の理解者です。「いっちゃん、元気になったね」と、お姉さんはいつも笑顔でいづみさんと向き合って、毎日たくさん書いたメモをみながらいづみさんの話を聞いてくれます。お姉さんと話すのが、いづみさんにとって一番楽しい時間です。

いづみさんの幻聴は、以前はつらいことを言ってきたこともありましたが、最近は「頑張れ、頑張れ」と応援してくれているようで、幻聴とうまくつきあっています。

退院したばかりのいづみさん

←

好きなもの

「食べることや甘いジュースを　飲むことが大好き」

ついつい部屋に食べ物や飲み物があると食べすぎ・飲みすぎてしまういづみさんです。

いづみさんは、一度スーパーに買い物に行った帰り道に、普段通る道で道路工事をしていたため、真夏に2時間も道に迷ってしまいました。住宅街の中、インターホンを押して助けを求めました。親切なご近所さんが、たんたん号（高根沢町のデマンド交通）を呼んでくれました。道に迷って混乱しているいづみさんは、「アラーナ」と、言うと、たんたん号はアイリブ常連なので、「わかった。アラーナね!!」と、連れて帰ってきてくれました。たんたん号の運転手さんも「アラーナの人が道に迷ってるから連れて帰るね」と、アイリブに連絡もくれました。

道に迷ったときも、いい方にめぐりあい、アイスをご馳走になって笑顔で帰ってきたいづみさんです。そのことがきっかけで買い物に一人で行くことはなくなりました。お姉さんが来る時には、たくさんお菓子やカップ麺、ジュースをお願いしています。買い物には行けませんが、休みの日は、一番近くの自動販売機にジュースを買いに行き、公園のベンチに座って飲んで過ごしています♪

日課

お仕事は休みたいいづみさんですが、週末になると「今日は休みだね」と、朝から元気にエプロンをつけて、お部屋の掃除にお布団干し、時にはアラーナ棟のお庭の草抜きにとよく働いています。「今日は、お布団干して、掃除して、洗濯しましたよ」と、報告してくれます。

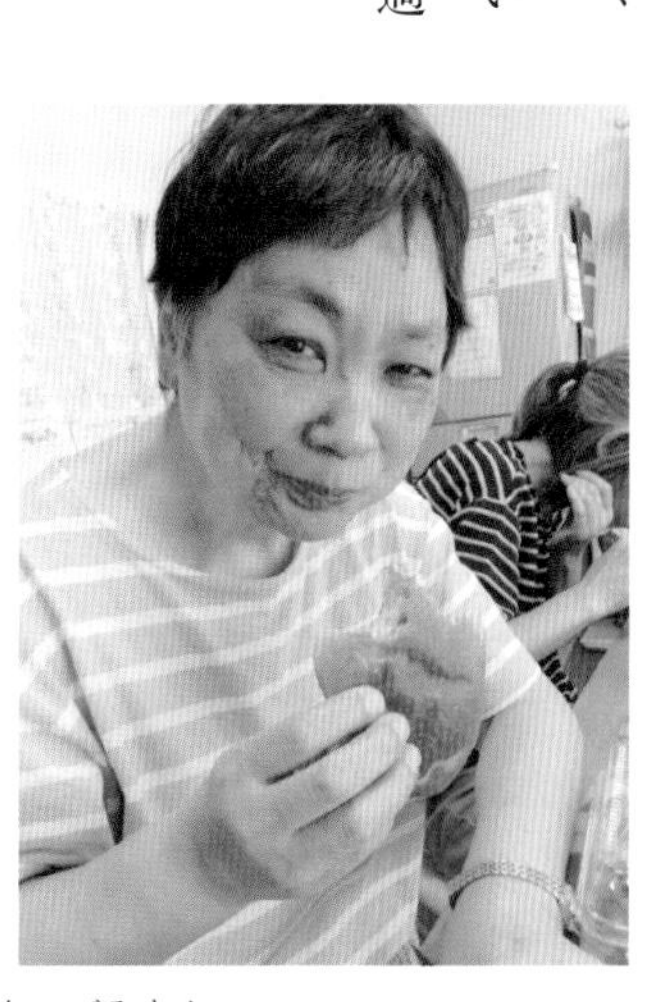

食べることが大好きないづみさん

いづみさんは几帳面なので、いつも小さなメモ帳とボールペンを持っています。お話ししたらメモ、トイレに行ったらメモ、予定も必ずメモしますが、小さなメモ帳に書きすぎてしまって、どこに書いたか忘れてしまい、世話人さんに聞きに行く…。「いっちゃん、さっき言ったよ」と、言われながらもメモしてもまた聞きに行く…そんなお茶目ないづみさんです♪

お仕事「就労継続支援B型事業所『hanauta』」

「かんぴょう磨き、塗り絵、毛糸の作品づくりなど」

いづみさんは、お仕事では栃木県ならではの作

メモをとるいづみさん

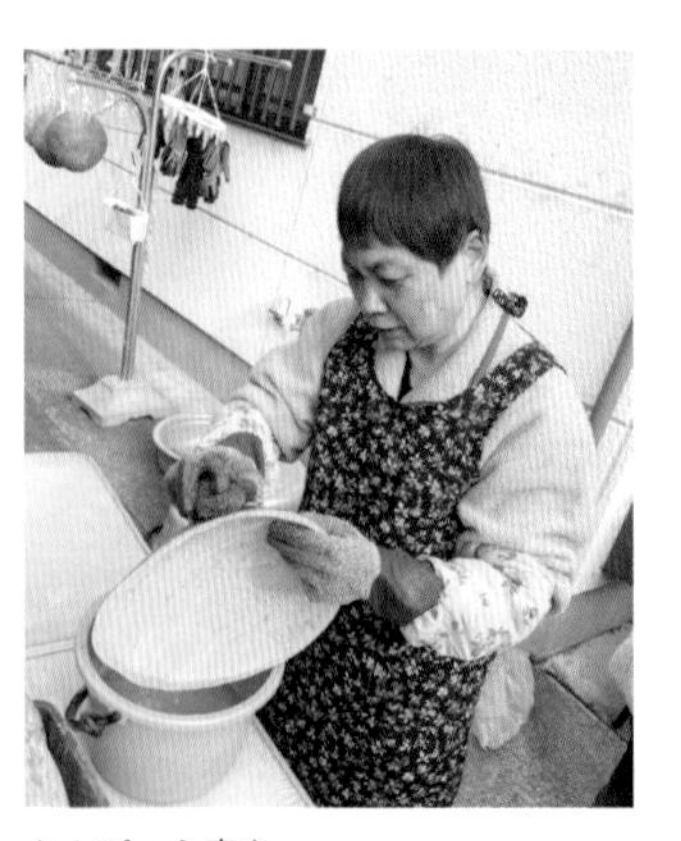
かんぴょう磨き
（栃木県名産品、ふくべ細工）

業〝かんぴょう磨き〟をしたり、塗り絵をしています。かんぴょう磨きは、力のいる作業ですが、農作業で鍛えたいづみさんはしっかり磨くことができています。頭やお腹が痛い日には、ちょっぴりお仕事をさぼる日もありますが、塗り絵をして過ごしています。「今日はこれ塗ったよ！」と、帰ったら必ず世話人に見てもらいます。

ある日いづみさんは、毛糸で作ったネアリカ（毛糸絵画）をアイリブに持って帰りました。ドンドンドン！と事務所のドアをたたき、「これ作ったの。500円で買ってくれない？」と、なんと事務所に売りにきたのです。聞くと、そのネアリカは、宇都宮市役所1階にある障がい者のための授産品販売所〝わくわくショップU〟で売る予定とのこと。アイリブスタッフは、いづみさんの押し売りに買いませんでしたが、その後無事に500円で売れたそうです♪　最近は、いづみさんの作品を待つファンもいるそうです。

毛糸絵画「ネアリカ」

ストレングス（強み）

- 時間や約束、アイリブのルールをきちっと守る。
- 几帳面で真面目な性格。
- アラーナの管理人のように、みんなを見守っている。

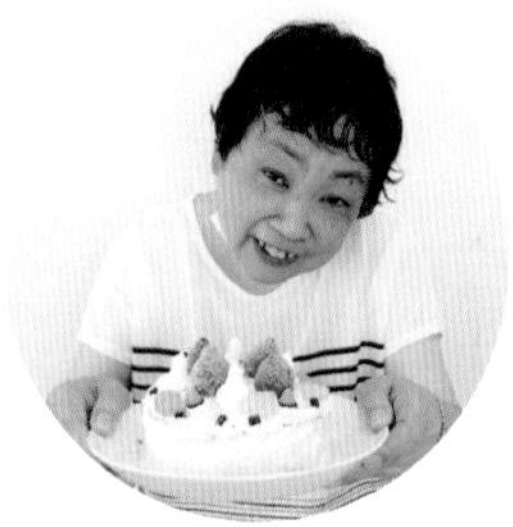

困りごと

- 予期不安が強く、予定があるとすぐに不安や心配になってしまう。
- メモに書いても忘れて、確認を繰り返す。
- 幻聴が聴こえたり、気分が落ち込んだりする。

アイリブ支援のポイント

- 予定は事前に伝えず、前日か当日に伝えるようにする。
- 確認行為は毎日なので、混乱しないよう声かけをする。
- 生活リズムや生活パターンが変わらないようにする。
- お姉さんに協力してもらいながら、安心できるようにする。

アイリブ支援の紹介

チャレンジ　休まず、仕事に行こう！

いづみさんは、「仕事できるかな？」「体調大丈夫かな？」と、不安が強いので、毎日「頭が痛い、めまいがする、お腹が痛い」と、不調を訴えて仕事を休もうとします。

支援　〝朝は元気な声かけで送り出す〟

サービス管理責任者と生活支援員、世話人との支援ミーティングで、いづみさんの体調や毎日の様子、対応を共有しました。

いづみさんは、体調は安定しており、毎日よく食べ・よく寝ています。訪問看護師とも共有し、体調の判断をしてもらうことにしました。いつも通り、夕方に翌日の就労を休み

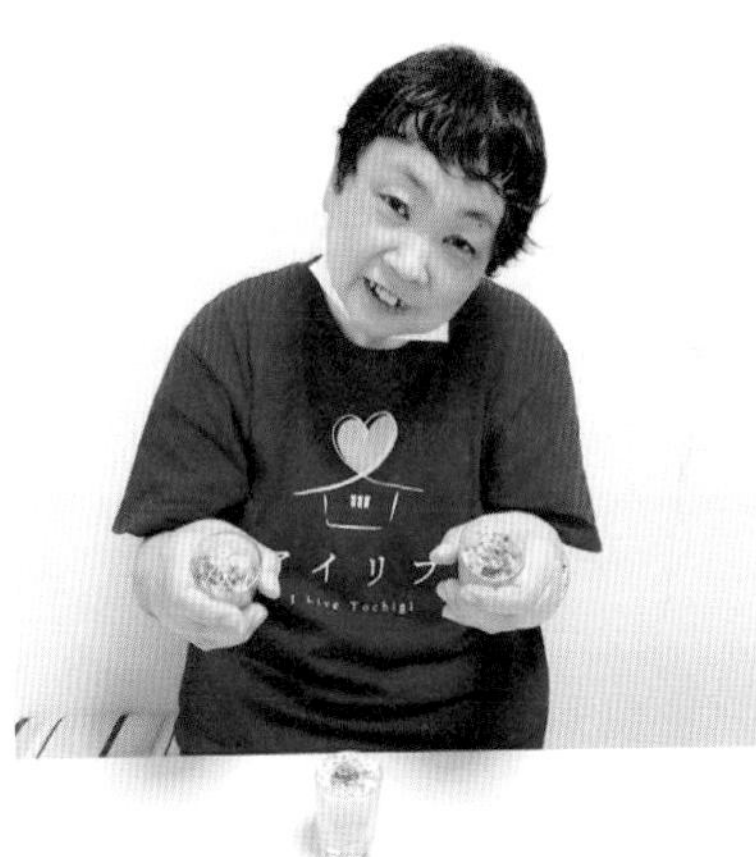

たいと言った場合は、〝明日の朝の体調で判断するよう話す〟ことや、〝朝は元気な声かけで送り出す〟こと、体調がよい日には、「休んでいいよ」とは言わないことを統一することにしました。

結果〝女優を引退?!〟

毎日のように女優さんを発揮して仕事を休みがちでしたが、休まず仕事に行けるようになりました!!「楽しかったよー」と報告し、工賃もＵＰし笑顔が増えました。最近は女優さんの登場が減って引退?!と囁かれています。

高知リハビリテーション専門職大学、作業療法学専攻のオンライン授業も担当してお仕事したので、結果〝女優〟こといづみさんは栃木にとどまらず全国進出しています。

hanautaのメンバー・職員さんと

高知のオンライン授業

アイリブ Episode

「障がいがあっても親を看取るということ」

アクアータ棟に住むたかちゃん。両親と住んでいた家を出てアイリブで自律生活を始めました。その後、高齢の両親は、体調を崩して入院と施設入所を繰り返していました。特にお父さんは肺炎を繰り返し、だんだんたかちゃんのことがわからなくなってきました。

たかちゃんは、姉弟の3人きょうだいですが、2人とは連絡がとれず、両親のことはたかちゃんができることをしていました。しかし、たかちゃんは軽度の知的障がいがあるので、どうしたらよいのかわかりません。急にお父さんやお母さんのことで連絡が入るとパニックになることもありました。

そこでたかちゃんが今後、混乱しないために、両親・たかちゃんの関係者が集まり、金銭的な支払いのこと、両親の最期をどのように迎えるのかを話し合っていました。

いよいよ、父親が肺炎を繰り返し入院したとの連絡。そろそろかな…とたかちゃんも覚悟を決めていましたが、夜中に連絡がきたらどうしよう。夜間タクシーのない高根沢町…、朝動こうとしか言えませんでした。

その1か月後の夜中3時、たかちゃんに病院から父親の危篤の連絡が入りました。たかちゃんから世話人に話し、世話人からアイリブ本部に連絡が入り、すぐにたかちゃんを迎えに行き、病院にかけつけました。病院に着くとすでに死亡確認されており、たかちゃんはお亡くなりになったお父さんと会いました。自宅ではよくケンカをしていた父親の変わり果てた姿に涙を流していました。

お別れのあと、誰もいないたかちゃんの自宅に行き、喪服を探して用意し、9時から葬儀屋に行きました。お母さんも自身の入所施設から、スタッフとともに来ました。その後、たかちゃんとお母さんは、きちんとお父さんをお見送りされました。

話し合いをしていても、やはり最期の病院の費用はたかちゃんに請求がきたり、お父さんの荷物の引き取りや手続きもたかちゃんが行いました。お父さんが体調を崩してから1年が経過していたこともあり、たかちゃんは本当に落ち着いて対応ができていました。

障がいがあって自分自身がグループホームに入居していても、親を看ることやキーパーソンになることがあります。今もたかちゃんは大切なお母さんの定期受診には一緒に同行したり、必要なものを購入して届けたりと精一杯親の支援をしています。

たかちゃんの仕事「こぎん刺し」

I Live Member

歌にモノマネ♪　多彩なロッカー!!

ブルース・リーが大好きで、自分は生まれ変わりと信じているたかゆきさん。

「キリストのような長髪にしたい」と言って、なかなか髪を切りませんでしたが、病院から退院し、アイリブで過ごして3か月後、やっとはじめて散髪屋に行きました。

「ブルース・リーの画像を見せて！」と、一緒にスマホで検索して画像を出して選び、理容師さんに「ブルース・リーにしてください！」と、見せてお願いしました。

あまりに鏡の自分を凝視してい

たので、理容師さんもこれは！と超真剣になり、1710円の格安の散髪屋で2時間かけて、ブルース・リーカットに仕上げてくれました！　カットの仕上がりにたかゆきさんは大満足。ますます気分はブルース・リーになったのでした!!

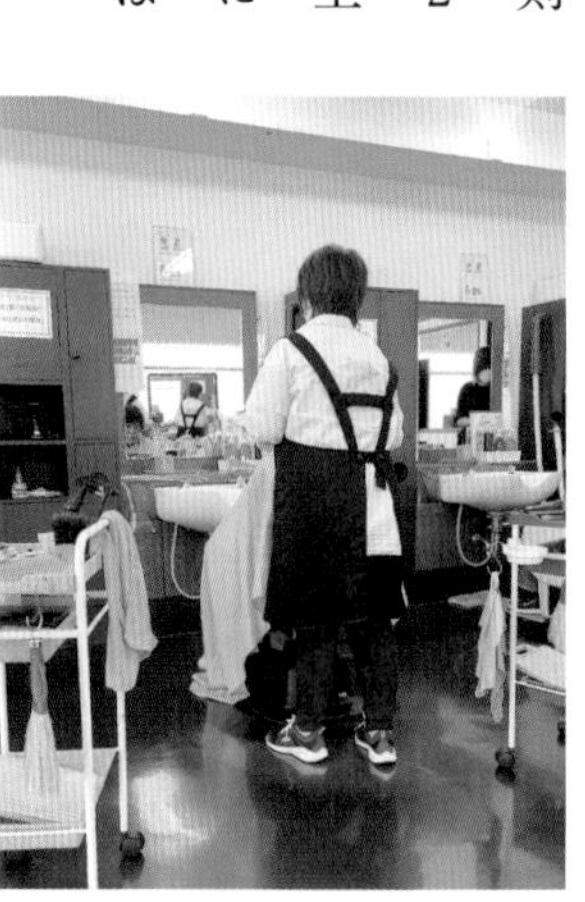
ブルース・リーにするために
超真剣な理容師さん

たかゆきさん（40代・男性）　精神障がい（統合失調症）・障害支援区分4

アイリブとの出会い

精神病院に長期入院していたたかゆきさんは、自宅に帰りたい気持ちがいっぱいでした。その頃、病院では時代の変化とともに地域移行支援が積極的になり、同じ病棟の患者さんが何人か退院する姿を見て退院をあきらめられずに、「退院したい！　家に帰りたい！」と、病院スタッフに伝えました。

病院では、「たかゆきさんは、退院できない」と思われていましたが、願いをかなえたいと思う病院スタッフが、まずはグループホームを見学してみようと、アイリブのドック棟に一緒に見学に来てくれました。たかゆきさんは、とても緊張した様子でしたが、すぐにアイリブを気に入ってくれました。そこから病院スタッフとアイリブとのたかゆきさんの退院支援・精神障がい者地域移行がスタートしました。

「退院したい！」という強い思い
――たかゆきさんのストーリー

10代の頃から家庭環境や問題行動により、自宅で過ごすことが難しく施設に入所していました。徐々に被害妄想が出現し、20歳を過ぎた頃から精神病院の入退院を繰り返すようになりました。退院して、薬を飲まなくなって（断薬）、再発を繰り返すため、そのまま約20年以上の長期入院となりました。

たかゆきさんは、鍵のついた閉鎖病棟に入院するほどの幻覚・妄想状態で、水をたくさん飲んでしまう水中毒もありましたが、アイリブ入居の3年前から新薬（クロザリル：治療抵抗性の統合失調症を治療する非定型抗精神病薬）を使用後に状態が少しずつ安定し、鍵のない開放病棟に入院していました。

現在は決まった薬はしっかり飲み、水を飲みすぎることもありません。「自殺しろ。毒を入れた」などの幻聴や妄想は今もあって、気持ちが不安になり、落ち着かなくなるときもありますが、自分自身と向き合っています。

退院支援と精神障がい者地域移行

本人の「退院したい」という強い思いで、半年がかりの退院支援がスタートしました。

見学

病院スタッフ2人と本人の3名でドック棟に見学に来ました。たかゆきさんにとっては、久しぶりの遠方の外出です。緊張で早口になり、「水をください！」と、何杯も飲み、トイレに行ったり、椅子に座ったり、ソファに座ったり、歌を歌ったりと本当に暮らせるのかと思うほど、落ち着きがありませんでした。しかし、病院に帰る時間には、「今日からここに泊まります」と、ドック棟を気に入ってくれました。

面談

病院面談では、たかゆきさんがどんな暮らしをしたいかを話し合っていきました。

初回は、「アイリブには行くけど、働きたくない。歌手として歌って暮らします」と。具体的な会話が難しい状態でし

仲良しの同居人

ブルース・リーになりきるたかゆきさん

た。それでもアイリブのチラシと名刺を握りしめ、院内で他の入院患者にアイリブの宣伝をし、院内にある公衆電話からアイリブに電話がくるほど、アイリブへの強い思いがありました。

面談を繰り返す中で2か月後、「どうしたら退院できますか？　僕は、どんな仕事をしたらいいのですか？」と、具体的な会話が可能となってきました。仕事についてお話しし、アイリブ近隣の就労継続支援B型事業所を見学・体験し、「これなら働ける。働きます！」と、話してくれるようになったので、病院スタッフと具体的な約束事を箇条書きにして本人と共有し、体験入居をスタートさせました。

体験入居

1回目、2回目の体験目標は「①就労までの道を覚えて一人で行く」「②アイリブの生活と仕事に慣れる、1日集中して働くことができる」でした。

①毎日の行き帰りをアイリブスタッフ同行で練習しました。道を覚えたら徐々に一人で歩いて行けるように、アイリブスタッフは物陰から見守っていました。時には、

急にたかゆきさんがドック棟に走って戻ってくるので、慌てて隠れたこともありました。ご近所の方も「無事に仕事に行ってたよ」と、見守ってくれた方もいます。

②については体験中、休まず仕事に行きました。時々「自殺しそう、毒入れたでしょ」など、幻聴を口に出すので、世話人や入居者が驚いてしまうこともありましたが、「仲良くしようね、アイリブでみんなと生きていきたいんだよ！」と、うまく関係をつくり、過ごすことができました。

3回目の体験目標は、「③週末をドック棟で過ごすことができる」でした。スーパーへの買い物同行支援をしたり、部屋で休息して留守番ができることを課題としました。買い物では、物を取っては戻す、スーパー内を行ったり来たりするなど落ち着かないので、見守りは離せない状態でしたが、約束を守って買い物ができるようになりました。

そしてなにより、世話人や生活支援員がいない時間も勝手にグループホームから一人で出ていくことなく、きちんと約束を守って部屋で過ごすことができました。たかゆきさんにとっては、〝約束を守れば退院できる〟という思いで精一杯だったと思います。

4回目の体験最終回には、ホームの鍵を管理して就労に一人で行くこともできるようになり、病院・アイリブとの約束を守って生活できていました。生活の中の約束は、病院スタッフとアイリブ、関係者との話し合いの中で担当看護師が作成し、体験を繰り返すたびに出てくるチャレンジを約束事として追加していきました。

退院する頃には、お約束一覧として完成し、たかゆきさんは丸暗記していました。もちろん、体験中は気持ちが安定していたわけではなく、グループホームでは毎日のように「不安です、大丈夫ですか？ 自殺しそうです？ 毒入れた？ だめだよ！」を繰り返しますが、世話人さんが対応しながら、気持ちがつらくなれば、なんとか部屋で気持ちを落ち着かせてリカバリーできるようになりました。

退院・本入居

体験入居を3か月繰り返し、アイリブから「来月退院しましょう。退院日はいつにしますか?」と、言ったときに一番驚いたのは、病院スタッフでした!! たかゆきさんは、待ちに待った日が来たと満面の笑顔でした。まさかたかゆきさんが、退院ができるなんて…と、誰もが驚くことをたかゆきさんは、乗り越えたのです。

たかゆきさんが退院した噂は、病院内に広がり、他の患者さんも自分も退院したいと言い出したり、病院スタッフもあの人も退院できるかな？と、ざわつかせたようです（笑）。

退院して本入居の日、「幸せです。僕はここでアイリブのみんなと生きていきます」と、今も幻聴や妄想のある中、不安を抱えながらも毎日、笑顔で目標をもって生活できています。たかゆきさんの強い思いが退院をかなえたのだと思います。

好きなもの「Gジャン・Gパン」

たかゆきさんは入院中からGジャン・Gパンが好きでトレードマークになっています。Gパンは、

退院したばかりのたかゆきさん

ドック棟の世話人と

毎日替えるほどの衣装持ちです。病院では室温が一定なので、Gジャンを着ていてもよかったのですが、地域に出ると夏は暑いので、さすがに心配しましたが、熱い夏になると自然にGジャンを脱ぐことができました。これには、病院スタッフも「Gジャンを脱いだ！」と、ビックリでした。

趣味「歌手になりたい！」

夢と書道アーティスト？

小田和正や寺尾聰の歌を聴くのも歌うのも大好きです。普段は聞き取りにくい小さな声でモゴモゴと話しますが、歌うと人が変わったようなはっきりとした美声と表情がガラッと変わるので、周りの人を驚かせてくれます。「歌手になりたい！」夢はあきらめずに練習しています。モノマネも上手で、小田和正はもちろん、志村けんから主治医、訪問看護師や世話人まで幅広く特徴をつかんで披露してくれます。

たかゆきさんは、書道は師範をもつほどの腕前で、「書道教室を開きたい！」と、

いう夢ももっています。ドック棟世話人からは、書道の先生より書道アーティストをすすめられています♪

小田和正を熱唱中

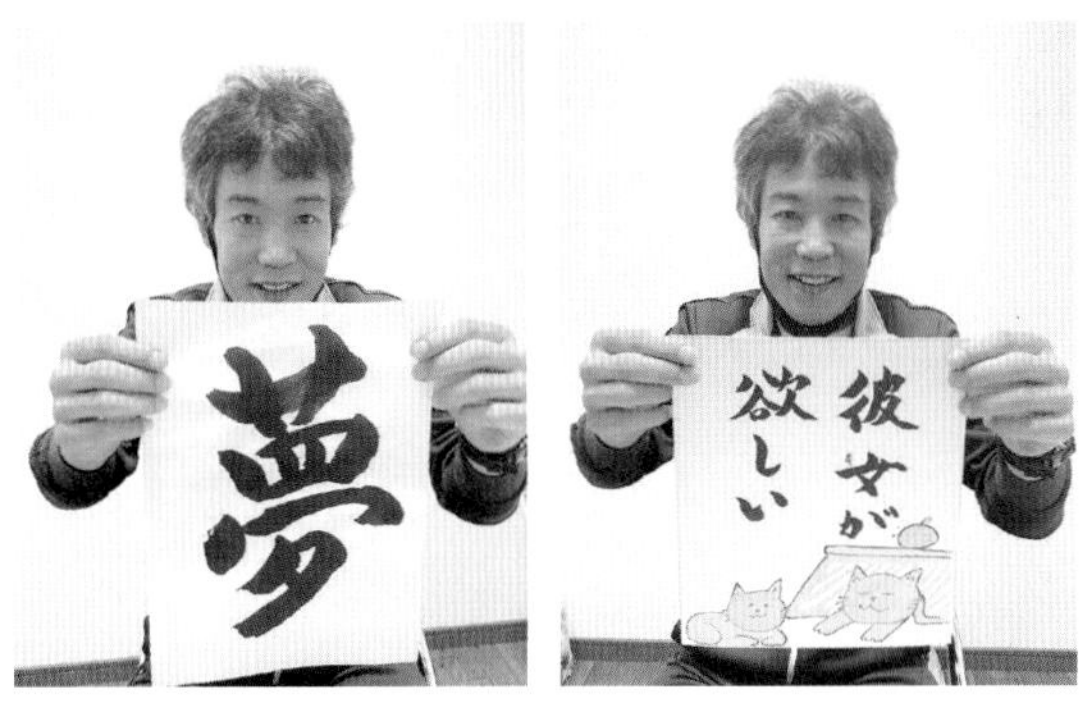

書道の腕は師範代

お仕事「就労継続支援B型事業所『たてがみ』」

「馬の世話、ハウスの野菜の手入れ、草抜き、古紙回収」

たかゆきさんは、退院時はアイリブ近隣の就労事業所に通っていましたが、違う仕事にチャレンジしたくて現在はたてがみに通っています。たかゆきさんの住むドック棟の近くに送迎車が来てくれるので、迎えの時間になったら出勤します。

「馬さんに話しかけるんですよ。大丈夫だよ、てね」と、たかゆきさんは、馬に話しかけながら、馬小屋で馬の餌を分量を計りながらつくったり、馬のボロ（糞）をとったり、馬やポニーにブラッシングをしてお世話をしています。

野菜の手入れ

抜いた草を軽トラへ。これが重労働

古紙回収

不燃ゴミ回収

他には隣町のビニールハウスに野菜の収穫や草抜きをしたり、月に2、3日は、地域をまわって古紙回収をしています。入院生活の長かったたかゆきさんにとって、地域の住宅街をまわって、古紙回収をして役に立てることは、とても楽しいようでやりがいを感じています。

はじめて古紙回収にまわったときには、回収した家の植木鉢を倒してしまい、とても気にしていました。たかゆきさんは、仕事に責任をもっているので、「家に行って謝りたい、連れてって！」と、帰ってきても言っていました。就労先のスタッフがきちんと謝罪したことを伝えると安心し、またやりがいをもって頑張っています。

ストレングス（強み）

- 幻聴があり、不安が強いけどかなり前向き！
- 具体的な目標がもてる！
- 約束を守ることができる！ 時々隠れて行動するが、謝り、反省することができる。

困りごと

- 幻聴があるので、不安で落ち着かなくなる。
- 日常生活（掃除や買い物、金銭管理など）に見守りや支援が必要。

アイリブ支援のポイント

- 幻聴や不安があるときは、「大丈夫だよ」と安心する声かけをする。
- どうしても落ち着かないときは、お部屋でリカバリーできるよう見守る。
- スモールステップで、具体的な目標や約束事を本人と一緒に決めて支援する。

アイリブ支援の紹介

チャレンジ ■ 一人で外出したい

たかゆきさんは、幻聴があって不安になりやすいので、一人での外出が難しいです。お店では、商品を手に取り・戻す行為を何度も行い、迷うと店内をうろうろ歩くので、買い物の付き添いが必要です。しかし、たかゆきさんは「一人で外出したい」という思いがあります。

■ 支援

たかゆきさんは、アイリブに入居してから毎週土曜日の午前中に世話人と買い物に行っています。世話人は、①買う物を確認して、②たかゆきさんの買い物を見守っています。時には、何時間も買うか買わないか迷ってしまったことも…。しかし、徐々に安定した買い物ができるようになりました。

スーパーは距離があり、お客さんも多いです。そこでまずは近所のコンビニからチャレンジすることにしました。就労の送迎車が来るコンビニなので、行き帰りは問題なく、サービス管理責任者との買い物の約束を決めて一人での外出・買い物をチャレンジしました。

また、ドック棟のメンバーは、みんな自転車に乗っています。たかゆきさんは、「俺も自転車乗りたい！　車もない、彼女もない。せめて自転車くらい許してよ！」と、お願いしてきました。

ご家族に相談すると、自転車を持ってきてくれました。たかゆきさんは、注意をしても自転車を猛スピードで走ってしまうので、人通りも車も少ないコースを決めて練習しました。

一人で買い物

土日のスタッフと

コンビニは一人で買い物、気分転換に自転車

近所のコンビニでは、一人で買い物ができるようになりました。スーパーやその他の買い物は、世話人の見守りのもと継続しています。

週末、気分転換に自転車に乗れるようになりました。コンビニや自転車など少しずつですが、一人でできることを増やし、次の目標に向かうたかゆきさんでした。

上）高知のオンライン授業
下）学生からのプレゼント（筆入れ）にスタンプ

アイリブ×佐藤病院
「精神障がい者地域移行支援の実際」

アイリブとちぎでは、開業から8名の精神障がい者の地域移行支援を行いました。栃木県矢板市にある医療法人緑会佐藤病院は、アイリブと4名の地域移行支援を行なっています。また、病院で毎月「よろず相談」という、地域関係者の勉強会・交流会・患者相談会を開催しているので、アイリブも活用させていただいています。

そんな佐藤病院の病棟担当看護師の羽吉克臣さんと病院ケースワーカーで精神保健福祉士の手塚理枝さんに、2021年に半年がかりで一緒に行った入院歴25年という長期入院患者のたかゆきさんのアイリブ×佐藤病院の地域移行の実践についてお話をうかがいました！

Q 長期入院のたかゆきさんに「退院したい」と言われたときはどんな思いでしたか？

手塚さん　たかゆきさんのことをあまり知らなかったので、まずは話を聞いてたかゆきさん自身のことを知ることから始めました。話を聞いてたかゆきさんの希望を応援したいと思いましたね。

今まで（精神）病院の長期入院の方で自発的に「退院したい」という方にお会いしたことがなくて…。ちょうど同じ病棟で何人か退院する方がいたことも、本人の退院したいという気持ちに影響があったのかもしれません。

その時点でたかゆきさんが地域でどんな生活を送るのかイメージは湧きませんでしたが、退院した先の姿を見てみたいと思いました。

以前、長期入院の方が病院スタッフと地域の方と協力して退院した時に本人の気持ちが前向きになっていたことを経験したこともあってか、退院することが絶対無理とは思わなかったです。

羽吉さん　どうやって退院させたらよいか当然悩んだし、家族関係の複雑さや本人の症状を考えて、本人の希望である自宅退院でよいのか、自宅退院との間に生活リズムを整えるような退院先を検討したほうがよいのかと不安もありました。でも本人が「退院したい」と強い思いがあったので、これは退院支援をしよう！と思いました。

まずは、長い入院生活を考慮したスタートとし、外に慣れることや買い物練習から始めました。最初のうちは買い物中に話をしていたと思ったら急に黙り込んで辺りをキョロキョロ見渡すことや、笑い出すこと、幻聴に左右されているのか、突然「死ねって聞こえたんですけど大丈夫ですか」「僕は生きていけますか」などの言動も見られましたが、回数を重ねると徐々に減ってきた感じでした。

アイリブさんの体験が始まってからは、本当に一つひとつやってきたなと感じます。やっていく中で退院させられるのではないかと実感しました。途中思うようにいかなくて「もう退院しない！」と言い出すこともありましたが、話をゆっくり聞いて寄り添って、実際どうしたいかを聞いて…そしたら「退院したい」という思いがぶれなかったので、本当によかったです。

Q　アイリブで体験入居をしていく中のたかゆきさんの変化は、どのように感じましたか？

羽吉さん　体験から帰ると話す量がとても

多かったです。子どものようにあった出来事を全部話してくれました。疲れているけどニコニコして楽しい！　退院したい！と前向きに話してくれていました。

水中毒の既往があるため、飲水制限をしていましたが、たびたび多飲水してしまったり、いなどありましたが、退院に向けた課題を見据えた話し合いをすることができるようになりました。

例えば、飲水量確認のため体重測定を1日3回（朝・昼・就前）していましたが、グループホームの生活に合わせて1日1回（朝）に減らしてみることや、本人と話をして、飲みすぎないように飲水量を調節し、安定して過ごすことができました。

部屋の片づけに関しても「片づけしようね」と、声をかけるだけでできるようになりました。

元々怠薬があって入院となった方で、クロザリルを内服しているため、確実に内服する薬の管理が必要でした。担当医に薬の自己管理をすすめることを相談し、退院を進めるならと許可をいただき、本人への薬の内服の必要性を説明し、自己管理1日分から開始しました。

退院後の飲み忘れを防止するため、用法の検討をし、1日4回内服していたところを朝・夕・就前の3回にすることで、グループホームへ退院した時に確実な他者による内服確認ができるようにしました。院内でも内服回数が減ったことで飲み忘れや飲み間違いなく管理できるようになったことが本当にすごかったです。

体験中は、退院を見据えてある程度意識づけするために約束事をつくりました。体験入居の中で課題が変わってきたので、本人と話して更新しました。本人にとっても「これができたら退院できる」という目印になったのではないかと思います。

地域生活では、ある程度の枠組みをつくることも必要なのだと思いました。病院生活が長かったので、フリーすぎるとどうしたらよいのかわからなくなるのだと思います。何より本人の「退院したい」という思いがぶれなったのが大きかったですね。

Q アイリブとともに地域移行支援をした感想を聞かせてください！

手塚さん　はじめてアイリブに行ったときのたかゆきさんのことは今でもよく覚えています。車の中で突然、小田和正を歌ったり、水をものすごい勢いで飲んだり、椅子に座っては立つ…を繰り返したりと、とにかく落ち着かなかったたかゆきさんが、ここで安心して暮らすことができるのかと不安を感じました。

体験の中でも、一番インパクトが大きかったのは、アイリブへ向かう途中に昼食をコンビニで買ったときのことです。商品を手に取っては戻すことを何度も繰り返す。約束の時間を伝えても、商品選びを本人と相談してもまったく耳に入らず…といった様子でした。

後で考えたら、限られた中で選ぶ、また、受け身になることが多い病院生活と、選択肢が多く、自分で選ぶことの多い地域生活では全然違うのだと思いました。とはいっても、今後地域で生活していくには、一つひとつのルールを守っていかなければならない。さぁ、どうしましょうか？と何度もみんなで話し合いました。

体験しては課題がでて、そのつど話し合い

を繰り返していくうちに、いつの間にか時間内に買い物ができるようになっていました。

就労に行く練習もアイリブさんが毎日就労先まで一緒に歩いて行ってくれました。道に迷ったり、突然飛び出したりしていましたが、一つひとつ丁寧に関わってくださり、本人が体験を繰り返していくことで少しずつ成功体験が重なり、本人の自信につながっていきました。たかゆきさんの力は私が想像している以上に大きく、病院にいる時は気がつかないようなことばかりでした。

アイリブさんは「～があったのでだめですね」ではなく、「～があったのでこんな方法はどうでしょう。次はこれでやってみましょうか」と言って、前向きに考えてくださったことがよかったです。毎回本人にフィードバックし、みんなで一緒に進めていくことで、本人の安心や自信につながっていったと思います。

羽吉さん　担当している長期入院患者さんを地域移行したのははじめてでしたが、アイリブさんは患者さんを手厚く見てくれて、アイリブさんとやっていけば退院させられると思いました。はじめは不安だった彼の表情がよくなって、外での体験を笑顔で話してくれて、一歩一歩進んでいる感じがしました。

病院の外にはたかゆきさんを受け入れてくれる受け皿がないのではと思っていたので、受け皿があるということや外の人のあたたかさを感じました。アイリブさんと出会えてよかったです。

20年以上ずっと急性期の閉鎖病棟にいたたかゆきさん、開放病棟にいたのも3年足らずだったので、退院できたのがすごいと思います。

開放病棟に来て、病院の外に目が向いてよかったです、人生まだまだなので…。

閉鎖病棟から開放病棟に移動したときは、スタッフ誰もが「退院させられない」と言っていたので、自分が担当になった時に「絶対に退院させたい」と思っていました。保守的になりがちな私たちが患者さんの退院のチャンスを奪ってはいけないし、今回たかゆきさんが退院したなら自分も退院できるはずだと、他の20年以上入院していた方も退院させることができました。まだまだ病院スタッフ自身も長期入院患者が退院できないと思っている部分はあるので、まずはスタッフの意識を変えていく必要があると思います。

Q たかゆきさんの退院が決まったときの思いを聞かせてください。

手塚さん うれしかったです。何よりもたかゆきさんの生きいきとした顔が見られてよかったです。それと同時に今後もさまざまな困難に直面していくのだろうという懸念もありました。でも、たかゆきさんの力と周りの方の力を信じて、たかゆきさんの人生を存分に謳歌してほしいです。

羽吉さん 自分もうれしかったです。最終的にたかゆきさんが思った形で退院できたので、失った20年をこれから外に出て楽しんでほしいです。でもそのうれしかった反面、寂しさもあります…。一つひとつを一緒にやってきて、乗り越えてきた思い出があるので…、もう簡単には話せないと思った時は、寂しかったほうが強く残っていますね。

〝ありがとう〟の重み
―アイリブの理念は確実に根を下ろしている

土日の日中支援　ドック棟世話人

看護師・保健師として長年、精神医療の現状を見続けてきたつぎこさん、アイリブの思いに共感し、地域で自分で暮らす障がい者をサポートしたいと、ドックをいつも優しく見守りサポートしてくれています。

土曜日の午前10時前にドック棟の庭に車を停めると、玄関のドアが開く音が聞こえた。今朝は玄関先にたかゆきさんの姿が見える。リビングに入ると、他の利用者さん2名が買い物から戻ったばかりなのか、袋を覗いて会話している。「ほら、いいから電話しなよ…」と彼が私に声かけされる。私が出勤したことを本部に伝えるワンコールを忘れないように、いつも気づかって声かけしてくれる。「買い物行こうよ」と急かす彼に、「トイレ掃除だけはしていきたいのよ」と私が応える。「わかったよー。何分待てばいいの？」と返す彼の言葉に「15分かな」、「わかった」と彼。

さあ、出かけよう…ドック棟を出る。「今日の買い物、コーラの2L1本だけにしとくんだ！」「もう千円チョッとなんだ。この前はCDほしいのがあって、あれ奇跡だったよね」と彼はやや興奮気味に話す。スーパーまでは歩いて15分ほどだ。

その道すがら私が、「昨日の疲れが残って、体調が悪いのよ」と弱音を吐く。彼はすかさず「でも、来てよかったろう！　待っている人がいる、何かできることがあるから出かけてくる、絶対幸せだと思うんだ俺は…」20年余の長期入院から、自らケースワーカーに相談され、自分の人生を歩み出した。そんな彼が語る言葉は深い意味を秘めて聴こえる。

月1回の世話人ミーティングの場で、彼の入棟当初には、「グループホームで暮らしていける人ではない…」という意見がでるほどに、彼の持ち味は理解しがたいものを感じさせていた。アイリブとちぎ副代表の日高愛さんが「彼が自分で決めて、体験入居を繰り返して、就労支援の体験もされてアイリブにきました、一年先の彼の成長に期待しましょう」と言葉を添えてくださった。

彼は自身の不安を伝えたいときに、「俺、生きていけるかな…」「今、俺に自殺しろって言ったよね」と執拗に問うてくる。そうかと思うとスッと気持ちが切り替わり、「ごめんね、悪かったね」を繰り返される。その「ごめんね」は、過去の心が見え隠れしているように思われて、私はとてもつらく感じていた。

彼の買い物同行は、お店に入ってから、選ぶ・決める段階で強迫観念からなのか、カゴに入れては出し、戻し、また探すという具合で、3時間近く見守りしていたことがある。今日はレジで会計を済ますまでに30分を要した。うれしそうにリュックに入れて帰ろうとしたとき、笑みを含んだ眼差しで私に言った。

「ありがとうね」って。

帰り道のたわいのないおしゃべりに、さり気ない「ありがとうね」を幾度となくいただいた。人を思いやって言葉にした彼の「ありがとう」に、私は心をこめた百万回の「ありがとう」を贈り届けたい。ここに「アイリブとちぎ」の理念は確実に根を下ろしている。

「アイリブ開業5周年記念イベント」
劇団四季ミュージカル観劇前に栃木県庁で撮影した集合写真。
アイリブ入居者、家族、アイリブスタッフです。(2023.5.4)

Part 2

「アイリブ」爆誕ものがたり

河合明子

アイリブ誕生のきっかけ

アイリブを立ち上げたきっかけは、本当にいろいろあります。河合明子（アイリブとちぎ代表）、日高愛（アイリブとちぎ副代表）とそれぞれにいろんな人生の転機があって、ちょうどお互いのタイミングがその時だったとしか言えないですけど…。私の記憶をもとに「アイリブとちぎ」の起業にいたった思いと経緯をたどっていきます。日高の記憶と思いはいったん忘れてたどるので、日高の思いはＰａｒｔ5を読んでください（笑）。

会社設立・起業のきっかけ

1　会社を辞めようとおもった
2　どうせ会社やめるなら自分の暮らす街に貢献できることがしたかった
3　起業家として仕事をつくり出してみたかった

福祉事業開業のきっかけ

1　障がいのある方々の多くが親元と施設・病院以外に住む家の選択肢がないことを知った

2　グループホームという制度を知り、念願のシェアハウス開発を仕事にできると思った

3　知的・精神障がいがある方々との出会いを通じて、最強にクリエイティブな仕事になりそうだと確信した

キャリアコンサルタント・劇団四季

2002年、22歳で大学を卒業したあと上京し、人材サービスを全国展開する企業の新宿本社で7年間、法人営業と転職支援の仕事をしていました。ちょうど入社した頃、会社が株式上場を控えていて、部長も課長も社員みんなが急速に成長しているの

を肌で感じる環境でした。そんな周囲の勢いに押し上げられるような感覚と、油断するとこぼれ落ちてしまいそうな不安の中で、めいっぱい背伸びをしながら過ごしていました。

毎日新しい顧客にアプローチし、出会って会話し、感覚をフル稼働させ全身全霊で最善を尽くす日々。直面する自分の能力不足や欠点に大恥をかきながらも、とにかく結果にこだわり仕事をしていました。夜は崩れるように眠り落ちる生活が、何年も続きました。

最大の幸運はチームに恵まれていたことでした。上司も部下も同僚も、私のよき理解者でした。従業員1300人ほどの会社、年に一度のグループ総会では個人表彰やチーム表彰を毎年受けながら、会社や事業部へ貢献できていることが誇らしく、小さな自信を少しずつ積んでいくことができました。

その間、プライベートでは遠方（福岡県北九州市）に住む両親の離婚が成立し、姉が神経症を発症して入退院を繰り返していました。高校生の頃からファッション誌に何度も掲載されるような自慢の姉の風貌は、神経が硬直して首や指や肩が変形し、包丁も鉛筆も握れない状況になっていました。そして手のひらいっぱいの薬を飲んでいました。神経症が回復したあとも、精神的な不安定は続き自殺予告の電話が仕事中にもかかってきたりしていました。

また、兄は4浪して入った大学を中退して、長期にわたるひきこもりの末に起業したものの苦労しているようでした。久しぶりにかかってきた電話で呼び出され、聞かされた借金の相談は断ったものの、その判断が正しかったのか、ずっと気がかりでなりませんでした。

その頃、父と同居していた祖母の認知症が進み、毎晩奇声を発する祖母の介護に父は疲労困憊しているようでした。そしてほどなく、父のつくった借金支払いのために、先代から引き継いだ私たちの生まれ育った実家は、土地も家も他人のものとなりました。その時に、私の子ども時代の思い出の品々の多くは処分してしまいました。

こうして私の20代は、仕事に無我夢中でまい進しながらも、大切な家族に対して何ひとつ力になれていない、自身の無力さに絶望と悩みを繰り返しながら、問題と向き合う勇気も覚悟もなく、関係性に引きづられないようにするのが精一杯で、週末にはその罪悪感を埋めるようにスクールに通って資格を取得したり、仲間と毎日お酒を呑んだりしながら、ようやく仕事でつかんだ「小さな自信」と「自己肯定感」を大事に握りしめて、生きながらえていました。

実家のごたごたが少し落ち着いてきた頃、リーマンショックをきっかけに仕事がパタリと減り、突如時間に余裕ができました。それまで死に物狂いで働いていたのに、新しく挑戦できる案件が減ったことで、自分の居場所がなくなったように感じ、これではいかんと思い29歳で転職しました。

2009年、幼少期からの夢であった劇団経営の仕事にチャレンジすべく、29歳で国内最大の劇団「劇団四季」に入団し、経営部門の社員として9年半働きました。最初の4年半は日本各地を転々としながら福岡、静岡、仙台、名古屋、広島、大阪などの公演を担当し、後半の5年間は東京公演を担当しました。

劇団は「文化の首都圏一極集中を是正する」という理念を掲げて47都道府県で毎年公演を行っており、私自身も入団当初は福岡公演本部に配属となり、その後、全国各地のあらゆる自治体や学校、企業と連携して協賛を集め、満員御礼の興行を達成するまでの仕事に従事していました。

何か月も前から準備を重ねた公演当日、田んぼの真ん中にあるような地方の文化会館に地域中の人が観客として会場に吸い込まれていき、そして上演後には、上演前とはまったく表情の変わった大勢の人たちがまた文化会館（劇場）からドドーっと流れ出ていく姿は本当に圧巻で、胸が熱くなる経験でした。その後もたくさんのファンレターや感想文、お声をいただく中で舞台の感動が人の人生に計り知れない影響を与えている現実を目の当たりにして、仕事の疲れが吹き飛んでいくのを感じていました。

そんな最高の職場、劇団四季を退団しようと思ったのは子どもが生まれたからでした。結婚を機に栃木から東京という長距離通勤になり、さらに育児をしながら自分も会社も満足のいく仕事を全うするというのは本当に過酷なことでした。仕事も育児も妥協することのできなかった当時、もはやアスリートのように自分を追い込み、究極のパフォーマンスを目指して栄養、睡眠、体調管理を徹底し、ビリビリキリキリ1分1秒を気にして走りまわっていました。そんな中で、この生活はいつまでも続かないなというのを感じるようになっていました。

幼少の頃からの夢であった劇団の仕事につき、つかんだキャリアに未練はあったものの、十分やりきったという思いも芽生えはじめていました。最後の数年は劇団の新卒社員の研修を担当していたことから、彼らの知性と感性に触れ、若い人たちに任せたほうがいいとしみじみ感じたのも退職の決め手になりました。

「新しい生き方、働き方」の模索から「起業」という選択に

プライベートでは仕事を忘れて子どもの声に耳を傾け、家族の課題に正面から向き合い、常に穏やかでいるために過剰なストレスを回避する。自分を大切に、見切り発車を控えて日々を丁寧に過ごす。子育てをきっかけに始まったこうした生活は、私の仕事上の強みを最大化することと真逆の行為のようでした。

朝晩の食事、睡眠、自己啓発、職場での人間関係、生産性、すべてに神経を集中さ

せて限られた時間内で結果をだし、通勤時間も帰宅後も隙間なく合理的に動いても努力しても、職場の後輩や同僚たちには太刀打ちできず、上司も自分も満足する成果はだせず、キャリアの差は開くばかりだと感じました。

以前の私と同じような働き方をしている同僚を見て、もう同じような努力はできない自分を自覚しました。それでも必死にもがいて仕事していただけに、頑張りに見合う評価がついてこない絶望感の中で、「新しい生き方、働き方」を模索せざるをえない心理状況になりました。

模索しはじめたとき、条件としたのが「今以上にワクワクできる仕事」「経験が活かせる仕事」「子どもたちのそばで働ける仕事」の3つでした。すべてが揃わない間は、安易に辞めない。これは我ながらそうとう難しい条件でした。

自己啓発の本を読みあさったり、実践心理学を学んで自身の新たな可能性を発掘したり、声をかけてくれる企業の幹部の方と会食したり、大学教授や経営者の話など講演会もたくさん聞きに行きました。また、サークルやイベントを主催したり、ビジネスコンテストにチャレンジしたりと、とにかく次の第一歩を探るヒントを探しまわっていました。

自分が暮らす地域で仕事をするという条件を満たすために、仕事が休みの日には子どもをおぶって地域のニーズ（社会課題）を教えてくれそうな社会福祉協議会や地域団体などに飛び込みでヒアリングにかけまわったりもしました。当時0歳と1歳の子どもを抱えて、車を走らせ、乗ったり降りたりとそうとうな重労働で、そこでだしたのが「起業」という選択でした。

シェアハウスのオーナーになる

私は精神的な束縛の強い家庭で育ちました。〇〇はダメ、〇〇しないとダラシナイ、〇〇くらいやりなさい。夢も希望も地方の小さな町で抑圧されていると感じながら幼少時代を過ごしていました。心はいつも現実逃避。親元を離れて旅に出たい、一人暮らしをしたい、東京で働きたいなど。しかし、経済的にも情報的にも、すぐに実現するのは難しい状況でした。

それでも高校を卒業したあと、実家をなかば家出のように飛び出し、大学に通うことができたのは、大学から紹介された学生向けの築80年の古民家、家賃2万5000円、台所とトイレ共有、今でいうシェアハウスで暮らせるという、まずは住居を確保できたからでした。思えば、この時からルームシェアやシェアハウスなどで「共同生活する」という暮らし方を選択してきました。人と住む煩わしさと安心感は、自分がここに生きていることを絶え間なく感じさせてくれました。

住む場所さえあれば、そこからはアルバイトもできたし、奨学金の手続きも自分で進められたので、親の反対を押し切った後ろめたさは拭えないにしろ、夢への第一歩を踏み出すチャンスは手に入れることができました。大学を卒業してからも、ずっと人との共同生活で固定費を抑え、さまざまな経験に時間やお金を投資することができました。経済的にも、住環境としても、とても合理的で、私にはぴったりの暮らし方だったのです。

先に「起業」という働き方を選択したあと、どうしてもやりたい事業は、昔の自分を救ってくれた「シェアハウス」でした。なんとかしてシェアハウスがつくりたい。シェアする暮らしの価値を、生きづらさを抱えている多くの人に提供したい。そんな漠然とした強い思いで、いろんなスタイルのシェアハウスを考え、いくつもの事業計画を描き、書きためました。

シングルマザー向けのシェアハウス／託児付きのシェアハウス／学生コミュニティ付きシェアハウス／コワーキングスペース付きシェアハウス／ラグジュアリーシェアハウス／ワーキングママサポートハウス…。しかし、経営の経験もない。たとえ物件の転貸を許可してくれる大家さんに出会えても、シェアハウス運営だけで食べていける見通しはたちません。どんな人が私のつくるシェアハウスを求めているのか、ずいぶん長い間、情報収集をしながら、どんな事業モデルがよいか模索しつづけていました。

週末は子どもを抱えていくつもの学びの場に参加しては、情報収集をしていました。そろそろインプット過多で心と頭が破裂する！というときに障がい者グループホームという存在を知ることになります。精神障がい者の多くが社会的入院を余儀なくされていること、知的障がい者の多くが大人になっても親に介護され生活するか、地域社会とはかけはなれた山奥の施設で暮らすかしか選択肢がないことを知り、衝撃を受けました。

つまり、共同住居（シェアハウス）を必要としている人たちが社会にこんなにもいる、ということを知ったその日のうちに、障がい者グループホームの立ち上げを決意しました。福祉のことなんて知らなさすぎる自分を恥じることもなく、地域社会における課題解決の正義感まで追加されて、もう私がやるしかない、と強く思ったのです。

調べると栃木県では必要数に対する障がい者グループホームの充足率は８％程度でした。どんなに難しい仕事であったとしても、自分がずっと夢にまで見た理想のシェアハウスをつくるのだ！と燃えていました。決意をしたその日のうちに日高愛にＬＩＮＥを送り、共同経営をもちかけました。

20年来の友人であった彼女とは、いつか一緒に事業をやりたいと話していたたし、彼女の専門性について当時はよくわかってなかったけれど、彼女は医療・介護福祉といった私のまったく知らない領域の専門家であるようだったので、一緒にやれば最強だという確信がありました。「1週間考えたい」と返事がきてから、2、3日後に「やるわ」と返信があり、その瞬間に「アイリブとちぎ」の準備室がスタートしました。

遠距離でも怒涛の開業へ

日高は大阪で4月から専門学校の常勤職員として勤務することが決まっていました。また同時に彼女は、理学療法士と作業療法士だけのヨガインストラクタースタジオの立ち上げにも携わっていて、学校勤務の休みの日はヨガ講師として生徒を抱えてレッスンをしていました。大阪府から特別支援学校の教員向けの指導や単発講座も年間契約で受託したりしていて、フリーランスの作業療法士として完全に軌道にのっており、スーパー売れっ子状態でした。そんな日高と開業のためのミーティングができるのは、彼女が専門学校へ出勤する前の朝の時間と休み時間のみ。

土日を使って私は東京、日高は大阪で開業のための講習会に通いました。5月に私は会社に退職願を出し、残務や引き継ぎをしながら、開業準備を進めました。

２０１８年９月27日に前職の最終出勤を終え、９月28日に栃木県に指定申請を提出し、２０１８年11月１日からの開業が無事に決まりました。指定申請が通った知らせが10月末に届き、11月から本格的に営業開始して12月に３名が入居、１月には４名定員満室となり、２０１９年３月に２号棟、３号棟を同時開業しました。

私が前職を退職後フルタイムで開業にあたっている頃、日高はまだ大阪でトリプルワークの真っ最中でしたが、他の仕事と並行してアイリブ創業期の苦楽を一緒に味わいました。彼女の負

開業当初のスタッフ

荷はそうとうなものだったと思います。まず栃木と大阪との距離が離れているから、数か月に1回程度、日高は大阪から栃木に通ってくれていました。その往復だけでもキツかったと思います。彼女は栃木にいる間中ほぼ24時間、3日間程度の滞在期間中ずっと現場に張りついていました。入居者と関わる以外の時間には、2人徹夜で就業規則を考えたり、業務マニュアルを作成したりしました。

普段は私は現場、日高は大阪からの遠隔で日々の情報を共有し、直面する日々の課題に対して最善の方策を一緒に模索し、実践を繰り返す毎日でした。

当初は大阪と栃木同時開業や順次開業も仮定していましたが、大阪のグループホームが飽和状態になりつつあったことや、栃木で出会った人たちにまず誠心誠意、尽くしていく覚悟を決め、おのずと2人で栃木の事業所に集中してやっていく方向性にシフトしていました。

「合同会社リビングアーティスト」キックオフパーティー

河合明子・日高愛の出会い

共同創業者の日高愛とは2000年に大阪天王寺にある「世界の大温泉スパワールド」のバイト仲間として出会いました。2人とも当時は、昼間は学生だったので夜勤のバイトで夜21時～6時くらいのシフトだったと思います。

スパワールドの深夜バイトにはいろんな人がいました。人生経験豊富な面白いおばちゃんたちや私たちのような学生、会社に内緒で副業しているOLや同年代のフリーターなど。年齢差を超えて働くバイトの同僚たちは仲がよく、いつも大爆笑しながら仕事をしていました。

ヘアブラシの洗浄や床のポリシャーがけ、排水溝磨きや、リネンタオルの交換、更衣室ロッカーの掃除、レジや受付など。広大な複数フロアのあらゆるポジションに1時間ごとに配置換えのシフトが組まれていて、いろんな仕事を覚えました。

多くのバイトの同僚たちの中で、特に同年

日高と東京で再会

代だった8人くらいが辞めた後もずっとつながっていました。日高と私はその中で特別に仲がいいというわけではなかったのですが、大人になり、それぞれが全国バラバラになったあとも時々、みんなで集まるときには顔をあわせるような関係でした。とりわけ一緒にいるわけではなかったけど、2人でタイ旅行に行ったり、転職したばかりの頃には2人で伊勢神宮に行ったりと、わずかながら2人だけの思い出もいくつかあり。また、それは特別な縁だったようにも思います。

2018年3月に「一緒に仕事しよっ!」と誘った時、まだ日高がどんな人間かちゃんとはわかっていなかったし、もちろん日高がどんなキャリアをもっていて、どんな仕事感をもっている人かもわかっていなかった。だけど、「一緒にやりたいな」そう思ったから誘った以外に説明できる言葉がありません。

アイリブを一緒につくりはじめて4年がたった今、しみじみ思うのは、私にはどうしたって手に入らない存在感をもってる人なんだなということ。日高がいるだけで周りが安心する天性の母性のような柔らかさ、あたたかさは、彼女のコテコテの関西弁と強めな口調の奥に深く君臨しています。もしかして、照れ隠しで頑張りすぎているところがあるのであれば、そんなカモフラージュは即刻やめて、ありのままでいてほしいところです(笑)。

つい他人と自分を比べては自己嫌悪&立ち止まりプレイを謳歌しがちな私と比べると、彼女は誰もがもつ自身の孤独をしっかり内にとどめ、強い責任感と誠実さをもって行動を継続し、人との関わりにも美意識をもって妥協せず努力できる人だと感じています。

そんな彼女とこれまで出会った多くの患者さんや高齢者の方々がファンになるのも当然。訪問看護ステーションで勤務していたときはＶＩＰの指名のお客さんを何人も抱えていたようですし、一方で地域の荒々しいおじいちゃんたちにも可愛がられていたようです。

他の専門職では手に負えないような患者さんも、たやすくフットワークよく対応していたのも納得。そんな売れっ子作業療法士日高を「作業療法士って何？」レベルの私が、アイリブに軽く誘ってしまった責任は大いに感じています（笑）。

はじめての入居者がやってきた

栃木県知事からの指定を受け２０１８年11月１日に開業してから１か月がたった12月１日。アイリブの住居、アティーナにはじめての入居者２人がやってきました。12月なのにまだ秋のような陽気の晴れ渡った日、ほくほくとした気持ちで迎えたまだ10代の２人。その１週間後には３人目の体験入居もスタートし、賑やかなリビングになりました。

春に特別支援学校を卒業したばかりの仲良し2人と、近くの就労事業所でチラシを見つけ、自らご家族に直談判して問い合わせてくれた20代の方。これまで生まれ育った実家を出て、はじめて「自分で暮らす」ことにチャレンジしていく彼女たちの姿に、胸が熱くなりました。

朝は毎日スタッフを含めた4人で、それぞれが通う日中事業所の送迎車を待つため、アティーナから徒歩3分ほどのＪＲ宝積寺駅前まで歩いていきました。

駅のロータリーの入り口にはクリスマスツリーが飾られ、広場にはイルミネーションの装飾が一面に設置されていました。手袋とマフラーをして、いっぱい着こんでいても、冷たい風が染みわたる朝、ほっぺを赤らめながらお喋りを交わす数分の待ち時間。何気ないそんなひとときが、3人にとっての大きな自律の一歩なのだと感じ、貴重なひとときに立ち会えているという喜びで、胸がいっぱいになりました。なんだかうれしくて、記念写真を撮ったり。慣れない暮らしが始まり、これまでにはなかった症状や行動が見られることもありました。

なかなか眠れなかった朝は、3時4時には起きて、活動を始めたくなったり。今まではお母さんがやってくれていた洗濯、入浴、掃除、片づけ、できることをひとつずつ覚えながら、楽しみながら。ご家族からは手助けが必要と聞いていたエアコンや電気のスイッチ、オンオフも1、2日で覚えました。同年代の同居人と夕飯後もゴロゴロとリビングのソファで遊んだり、しゃべったり、譲り合ったり。

お正月に一時帰宅をしていた3人がアティーナに戻り、2019年1月には4人目の体験入居がはじまりました。4名定員のアティーナは満室となり、次なる準備を始めました。そして素晴らしい物件の大家さんとの出会いがあり2棟目となるアラーナ、はじめての男性棟となる3棟目ドックが2019年3月1日に開業しま

入居者を待つ「アティーナ」リビング

した。

ここからがアイリブにとっても、いよいよ本格的な精神障がい者地域移行支援のチャレンジのはじまりでした。開業前に考え抜いて掲げた「私たちは、新しい生き方・働き方にチャレンジする人を支援し、個性に前向きなコミュニティを育みます」という行動指針。入居者もスタッフも事業所が一丸となって、それぞれが「新しい生き方・働き方にチャレンジする」そんな姿を思い描き、夢見て準備を続けていたイメージが、とうとう現実化しているな、という手ごたえを感じはじめました。

必死に最善を尽くして、体験入居の受け入れ

地域移行を積極的に進めようと取り組んでくださる精神病院と毎日毎日、いくつものケース、当事者について情報交換や計画のすり合わせをしながら、相談支援専門員や就労先事業所と連携し、会議やミーティングを丁寧に丁寧に重ね、一人ひとり、体

験入居者の受け入れが進んでいきました。一時退院して、アイリブで1週間。そして病院に戻って振り返り、また再度チャレンジ1週間。人によっては2、3日や週末だけなど、特性や必要な支援の内容によって組み立てながら進めました。

他業界からチャレンジしている私には、あまりにも知らない用語が飛び交う会議でも、なんとか必死に発言しながら、最善を尽くして取り組んでいきました。当時、アイリブのスタッフだった精神科看護師に薬の名前や症状、体の部位の名称など頻出用語を、そのつど聞きながら覚えていきました。

副代表の作業療法士が栃木に
——第二の創業期

2020年4月、アイリブ副代表の日高愛が満を持して、関西中を飛び回っていた三足のワラジを三足とも脱いで、とうとう縁もゆかりもない栃木県にやってきました。ここからがアイリブの第二創業期といっても過言ではありません。そして8月、4号棟アクアータを開業しました。大阪から栃木に移り住み、アイリブ専業になった作業療法士日髙愛のプロフェッショナリティが最初に発揮されたのは、まず外ではなく内部への取り組みでした。

2020年コロナ全盛期、あらゆる関係者との連携やコミュニケーションが困難となった時期だったこともあり、内向けの会議や研修、スタッフ採用を強化していきました。つまり、スタッフたちの意識やスキルがうんとあがってきたのは開業して3年目2020〜2021年でした。外部への営業活動や連携会議がコロナ感染予防という観点で激減した分、

日髙が合流

スタッフたちはオンラインや少人数での研修三昧の日々。スタッフの質があがれば、サービス提供のレベルがあがり、入居者たちのチャレンジや生活のレベルアップに直結していきます。

資金繰り担当の河合としては、半数近く空室だった1年ほどはドキドキしましたが、一方でスタッフの質があがることが長期的には最大の資産になるという確信もありました。結果、長期を待たず、1年後には大きな資産となっていました。またその間、じっくり着実に成長していく姿を見てくださっている地元の金融機関にも信用が増え、困ったら助けてもらえるだろうという安心感から、不必要にドキドキもしなくなりました。

コロナが明けたわけではないけれど、2022年には重度障がい者の受け入れをスタートしました。2023年現在では、強度行動障がいの方1名を含む4名の重度受給者証をもつ方が入居されるまでになりました。

INTERVIEW

アイリブ×デザイナー「ロゴデザインにこめた思い」

アートディレクター／デザイナー
宮本未来さん
https://mmmdesign.jp/

自分らしく生きていける人が一人でも増えたらいいなという思いで、個人事業主・小規模企業向けに、ロゴ・印刷物・Ｗｅｂサイト制作など、デザイン制作をしている。

妊娠・出産を経て、女性のライフスタイルの変化に試行錯誤しつつ、大事なものをちゃんと大事にしながら、世の中に価値を生み出していけるよう、日々奮闘中。

■アイリブロゴ　コンセプト

「自律」を育んでいける「強くてあたたかいコミュニティ」

生きることに必要な「強さ」ってなんだろう。「びくともしません」「頑丈で何があっても倒れません」というドシンとした印象を思い浮かべてしまうけれど、実はそうではないような気がする。

風が吹いたら飛んでいってしまうような軽さで、姿カタチをふわっと変えながら進んでいけるようなもの。変わった先では、変わったなりに、そこでの居心地の良さを見つけられる。そんなしなやかさが、本当の「強さ」なのではないか。

　一人ひとりは、障がいがあって頼りないかもしれない。保護者やご家族の方は、自分たちがいなくなった時に幸せに生活していけるのか心配かもしれない。もし長年入院していたとしたら、病院を出たあと、地域で幸せに暮らしていけるのか不安かもしれない。不安や心配ごとはいくらだってでてくる。

　だけど、本当に困ってしまった時は、だれかに助けを求めることができたらいいのではないか。そして、困っている人に対し、自然に手を差しのべあえる居場所があったら、一歩ずつでも前に進んでいけるのではないか。困ったら「困ったよ」と言えて、つらかったら「つらいよ」って言える。それをちゃんと受け止めてもらえる。「ここにいたくないよ」って思ったら、違う場所に行けるし、違う場所でも、またチャレンジすることができる。

　一人ひとり、一つひとつは弱いけど、弱さを認めて、むしろ活かしていく。風に乗りながら、姿、カタチ、やり方を変えながら、前に進んでいけることこそが、本当の「強さ」なのだ。アイリブではそんな強さをもちながら生きていくことを「自律」と考えている。

　アイリブは、「自律」を育んでいける「強くてあたたかいコミュニティ」。だから、アイリブのロゴは、あえて、風が吹いたら飛ばされてしまいそうな華奢な線が合っている。

一人ひとりの主体的な行動があたたかいコミュニティをつくっていく

たとえば、目の前にいる人が困っていたとする。その人にとってはとても難しいようだけど、あなたには簡単にできてしまうようなことだった。なので、さっと手を差しのべてみた。そしたらものすごく感謝され、満面の笑みで喜んでくれた。そんなに喜んでくれるなんて、逆にあなたの方が「ありがとう！」とうれしくなった。そんなあたたかい「ありがとう」の交換が、毎日いろんなところであったらいいな。

「あなたのためにやってあげる」ではなくて「私が」やりたいからやる。「私が」こういう社会がいいなと思うからやる。「私が」望む未来へ向かう手段の一つとして協力したいからアイリブに参加する。「自律」を育んでいける「強くてあたたかいコミュニティ」って素敵だな、と「私が」思っているから、そういう地域社会を「私は」つくっていきたいんだ。

私が、まずはここから。私にできることを。目の前にいる人に対して、社会に対して、一人ひとりの主体的な行動が、あたたかいコミュニティをつくっていく。それを、ハート♡のデザインで表現した。

「私らしく」いられる場所、安心できる場所

外で何かあっても帰れる場所、心の居場所があるから、私らしくいられる。この居場所をホーム（家）のデザインで表現した。

栃木県「令和2年度 キラリと光るとちぎの企業」受賞

Part 3

アイリブ×
経営デザイン

河合明子

私が生きる　I Live

アイリブの「アイ」は英語で一人称のＩ、「リブ」はＬｉｖｅ。「私が生きる」という思いをこめています。あらゆるｗｅ（一体感やつながり）の大切さが叫ばれる中、その大前提として、大切だけど取り残されがちな「Ｉ」。アイリブには「私が私として、私らしく生きる、暮らす」というコンセプトがあります。常に「私が」どうしたいのか、「私は」どうありたいのか、「私は」どう感じているのか、に意識を向けて、自分の人生、自分の選択、自分自身のありかたに、主導権をもって生きていくことを大切にしたい、という願いをこめています。

それは障がいをもつ本人だけではなく、その人をとりまく家族や関係者、支えたり支えられる私たちも同様。人生、時には誰かの思いに便乗することや、誰かの指示で動くこともあるでしょう。何かしらの事情で、自分の意に反して選択をすることもあるけれど、その事ごとに「私」を置き去りにしない。忘れてはいけない「私」の意思決定を大切にする、そうした視点を持ち続けていくために「アイリブ」と名付けました。

今では後付けにはなりますが、代表河合明子の「合（あい）」や副代表日高愛の「愛（あい）」の漢字のもつ意味も添えて、大切にしている私たちにとって大事なキーワードです。

「私らしく」を軸にする

「私らしく」っていうのは、人との関係性から生まれると思っています。一人では「らしさ」はつくれない。だからこそ、生きること、暮らすこと、そんな最も自然な営みにおいては、「私らしく」を何よりも大切にしたい。アイリブで暮らす人、働く人、チャレンジする人、ここに行き交う人みんなが、そんなアイリブの価値観に出会い、少しでもそれぞれが、それぞれの「私らしく」に向き合うひとときを過ごしてほしい。そう願っています。

大好きな人に尽くしまくる私、親の前でかっこつける私、ぐーたらゴロゴロしている私、元気いっぱいの私、パワー切れで寝込んでいる私、どれもこれも私らしい私。それぞれの自分自身を「私らしい」という自覚をもって、どんな自分であっても、それを大切にできることが大事だと考えています。

凹んでいる自分がいてもあまり急いで立ち直ろうとしない。沈んだ自分を五感で感じて、波に任せて浮上する。テンションが高すぎて突っ走りすぎていると人に言われても、その声を受けてスピードを緩めるのも私、緩めないのも私。私の選択、私の行動。そんな、私らしさに責任をもつ。

それは自分を大切にすることであり、また関わる大切な人へいつも誠実であるための、基本的な心得のようなもの。自己一致の第一歩。自分の言動で周りの人が戸惑うならば、素直に受け止め、人目のつかないところに少し移動をしたり、仕方がないわねと大目に見てくれる友達がいたならば、心からの感謝をこめて、私にできる精一杯の恩返しをする。人生はその繰り返しなのだと思っています。

世界に存在するのが私ひとりだとしたら、「私らしさ」は存在しない。誰かとの関わり、誰かへの思い、誰かへの感謝や悔しさが、孤独な時間や楽しい時間の私の「らしさ」をつくる。自分が人に劣っているとか、自分だけが浮いている、そんなマイノリティをオリジナルと言い換えて、「ユニークこそ世界だ」と思える社会にしたい。自分自

身の「私らしく」に向き合うことが、他人の「私らしく」にも寛容になれるヒントになるのではないでしょうか。

福祉らしくない福祉

「福祉」という概念さえよく知らなかった河合と、既存の「福祉」に強い疑問をもっていた日高がやっているのだから、あたり前のように「普通」にはなりようがない。実際に福祉業界に飛び込んで開業してみると「グループホームっぽくないですね」「私が住みたいです」というコメントが相次ぎ、これはそうとう「福祉らしくないのかな?」と開業後に自覚することになりました。

私たちは「『福祉らしくない福祉』をやっています」と伝えると妙に納得される方が多くて、「福祉らしくない福祉」という言葉を後付けで使うようになりました。私たちとしては、ひたすら自分たちの理想の形を追い求めているだけなのですが、どうやら福祉っぽくない、らしいです。

「グループホームっぽくない」

アイリブがある栃木県塩谷郡高根沢町では、精神障がい者を受け入れるグループホームは、私たちが唯一でしたが、今は3つの法人事業所が共同生活援助（グループホーム）事業を開始し、サービスを提供しています。当初、社会に圧倒的に不足している地域社会で暮らす当事者たちのための共同住居を、いち早く供給するという大きな役割を担ってきましたが、サービスの質を深堀りし、追求することにシフトできるようになってきました。

グループホームだからと一緒くたではなく、各事業所の質や特徴をとらえて、福祉や医療関係機関のケースワーカーや相談員さんたちも、アイリブを当事者の方々に紹介してくださるようになりました。当初から見学に訪れる、他の事業所をよくご存じの専門職の方やご家族からは、「アイリブさんはグループホームっぽくないね」という誉め言葉をいただきながら、既存の福祉の概念にとらわれず、よいと思って追求してきた形が、さらにオリジナリティをもった形で充実してきたと感じています。

お金を使わず知恵を使う

使わず、なんて偉そうな言い方していますが、そもそもお金がないのだからしょうがない。経営者としてド素人だった当初は、「借金＝怖い」みたいなイメージもありましたし、そもそも信用がなかった。あと借金返済という責任を事業運営の責任と同時に担うのは、キャパオーバーと感じていたことも要因で、とにかくお金がなかったのです。今はいろいろ考えて、少しは借金していますが。とにかくお金をかけずに事業をやるには知恵を絞るしかないし、人に聞くしかないし、おのずと人に頭を下げてお願いすることもたくさんありました。

各棟の家具、家電を極力良質なもので、かつ安価に買い揃えるには、地域のリサイクルショップがかかせません。また、地域の方々が使っていないからと真新しい体重計や物干し竿などの寄付物品を車に積んで、かけつけてくださったり、前職や前前職の上司や同僚などの友人たちも、東京や福岡から引き出物でいただいたという食器類を送ってくれたりして、開業するやいなや、不相応とも思える高級食器が揃った食卓をかこむことができました。

また、各棟の住居自体もすべて賃貸でお借りしている物件です。棟が増えるごとにお世話になる大家さんの数も増え、それぞれがみなさん、事業内容を深く理解し、応援してくださる方々ばかりです！

こういった出会いの数々が、今日までのアイリブを支えてくださっているといっても過言ではありません。

空き家の活用

建物は古いほうがカッコいい！　そんな概念が日本にも根付く時代が近づいています。欧米やアジアなどでは築年数が古いほど、長く誰かしらが住んでいたからこそ、その住居の信頼性が高まり、価値が高いという概念が一般的ですし、物を長く使う価値

使える家具は随時移動

ご近所さん寄付冷蔵庫

インテリアは
100円ショップで購入

観も欧米は強いと聞きます。日本は新築住宅への信仰が強く、古い家は取り壊され、新築ばかりが流通するのがあたり前の社会でした。今もまだそうですが、コロナ禍で建築資材が入らないことや、物価上昇の勢いが増してきた昨今、新築よりも安価に取得できることなどを理由に、築古住宅が注目されてきつつあります。それでもまだまだ人口減少の勢いには抗えず、空き家がどの地域にも散見されます。

私はとにかく住宅が大好きで、スポットライトを浴びないでいる住居や建物に価値を吹き込むことは、何よりもの喜びです。空き家を活用することで、家も喜び住人も喜ぶ、そんな事業が広がってゆけばいいなと思っています。

空き家を活用する、つまり、誰も住まなくなった家や築古住宅を活用するには、やはり手間はかかります。その面倒くさい手間暇をかけてでも、やはり新築より築古住宅を大事に使っていくことに面白さがあるのです。

持続可能な社会を実現するために、あるものを活用する。あるものに感謝をして、よいところを見つけて工夫して使わせてもらう。これは、福祉の支援の視点にもつながる重要なアイリブの倫理観だと思っています。

物件の下見（アラーナ）

入居者と一緒にDIYリノベーション

DIY前のアティーナ

ナチュラルクリーニングと無添加食材

日常的に使う洗剤、食材、消耗品などなど。どの塩にするか、どの油にするか、どんな洗剤を使うのか。妥協なく開業当初から検討を続けています。

一つひとつの材料について精通するのは難しいけれど、本当にそれでいいのか。開業当初の1円も無駄にできなかった時から、仕入れだけは金額よりも質を追求するようにしています。

天然であればいいわけでも、また高ければよいわけでもない。そこにこだわりがあるとすれば、自分の一番大切な人の口に入るもの、肌に触れるもの、空間をつくるもの、そういう視点で選ぶようにしています。

ナチュラルクリーニングやオーガニックが絶対ではないけれど、一つひとつの物品にはこだ

こだわりの調味料

わりを貫いています。予算と常ににらめっこではありますが、食で健康がつくられるという確信は変わりません。

料理につかう油は開業当初から紙パックのこめ油ですし、みりんは本みりん。洗剤はすべての棟で、重曹、セスキ炭酸ソーダ、酸素系漂白剤、クエン酸を駆使してみんな掃除してくれていますし、食器用洗剤も天然成分のものにこだわっています。

入居者もそこで働くスタッフも、みんなの健康を願ってのこだわりです。

アイリブ Episode

「黄金比の洗濯液～ふきんのこだわり（クリーニングセラピー）」

アティーナ棟・世話人　まりさん（仮名）

業務の中で特にこだわりがあるのがふきんを丁寧に洗うこと。セスキを水に溶かしてヤシノミ洗剤とクエン酸（少々）を調合した（私なりの黄金比の）洗濯液を使い、1枚1枚もみ洗いしている。

食器用のふきんに油分が残っていると吸水性が落ちて食器を拭き上げるのに時間を要するばかりで、水滴が取り切れずスッキリしない。

次に勤務する人が少しでも快適に楽に仕事が進むようにと、ささやかな気を配っているつもりなのだ。しっかり洗ってよくすすぎ、四つ角を揃えてピシッと干されたふきんを見ると、安心して勤務を終えることができるので、朝の退勤時間が超過しても外せない作業になっている。

ハンデのある人々を支える仕事は、忍耐強く心身がタフでなければ長く続けられない。グループホームは、聖地でも天国でもなく、生身の人間の喜怒哀楽が折り重なる共同生活の現場だ。

世話人は、感情を抑えて業務や支援をこなしているが、イライラ、モヤモヤし、悲しくなることもある。その心の汚れを今日もゴシゴシと洗い流し、気持ちを切り替えて家路につく。真っ白に洗い上げたふきんがホームのみんなの悲しみや苦しみまでも吸い取り、ピカピカの笑顔が輝くことをいつも祈っている。

整理収納の価値

人の成長は環境の影響が大きいと思っています。環境を整えるために重要なことの一つは、関係人口を増やし、多様な人たちによって支援を行うということ。そして、もう一つは視界にはいるものの片づけ、整理収納です。

整った空間が人に与える影響は計り知れません。スタッフにとっても、入居者にとっ

アイリブ流整理収納

食器棚の収納

台所周りの収納

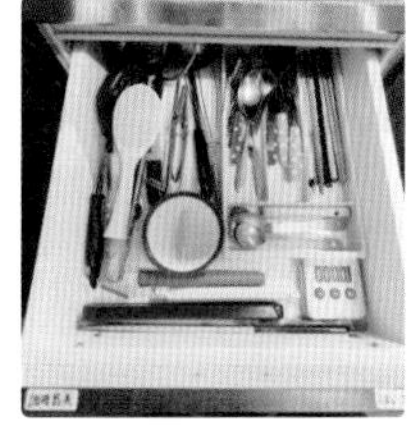

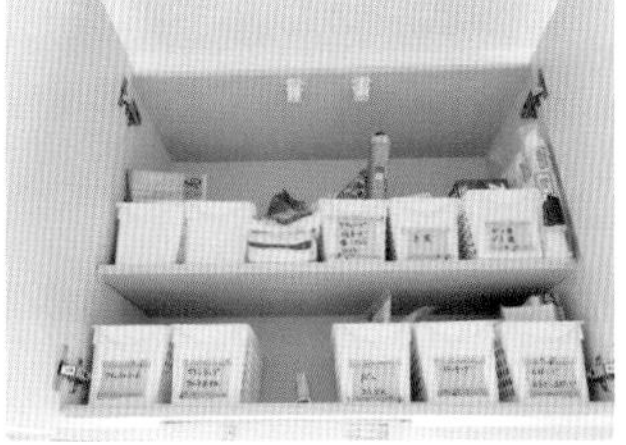

ても、どこに何が置いてあるのか、調理するたびに混乱する台所では落ち着いて取り組むことができません。

散らかしてはダメということではありません。散らかったものを整った状態に戻しやすい環境設定、シンプルで整理された空間にこそ、創造性が生まれるのではないかと思います。

「オープンハウス」

2018年の開業以来、一般公開見学会を続けています。入居希望や連携事業所を対象とした見学対応ではなく、ごくごく興味本位レベルの方々を対象とした見学会です。ご近所さんから同業者さん、スタッフの友達や家族、医療福祉関係者や障がいを抱えた当事者などさまざま。「興味本位大歓迎！　どんな質問でもどんとこい見学会」と題して、毎度SNSで告知を行っています。予定日に申し込みがなく開催できなかったのはオンライン見学会を企画した回のみ。5年目の今でも、次々と新たな方にご見学いただいています。

当初は、見学会に居合わせた10名前後で「おにぎり交換会」を開催したり、座談会形式で延々と交流したりもしていましたが、2年前からは少人数開催にしています。車に乗れる人数に限定して、グループホーム各棟や訪問看護ステーションなどの拠点を巡回してまわりながら、その車中で質問に答えるツアーガイド形式が定着してきています。話すより、聞くより、「まず全部みてもらうことが一番わかってもらえる」というのが現時点での結論です。

バラエティに富んだ参加者

参加者同士の「はじめまして」の自己紹介も

一般公開見学会

目玉コンテンツです。ひっそりＳＮＳでイベントページを立ち上げるだけの告知をわざわざ見つけて申し込み、見学に来られる方々が個性的でないわけがありません。そこでの出会いが、その後のネットワークにつながり、私たちの資産になっていることは言うまでもありません。

福祉事業こそ、開かれ、他者と関わり、深く広く交流し、その出会いを面白がっていくのにうってつけの分野だと思っています。

ある重度知的障がいを抱えたお子さんとご両親が参加された会では、福祉経験豊富な方がたまたま勢ぞろいしていて、息子のためにグループホームを立ち上げるんだと自己紹介

一般公開見学会

された際、「息子さんのご入居はきっとお父様が経営される以外のグループホームをお探しになったほうがよいですよ」など深みのある助言をされていました。また、ある会では人の話が聞けない方が延々とご自分のお話をされるのを、他の参加者がずっと1時間、温かく見守るという会もありました。

そこに居合わせたが縁。幸か不幸かは、参加者次第。毎回まったく違う顔ぶれの見学会で、アイリブという空間を満喫していただいています。最後の回収する受付票には、いつも皆さんびっしりと感想を書き込みご提出くださいます。なんとも感動的な感想ばかりです。

肝いり企画の見学会

アイリブに入居を具体的に検討されている方は、生活支援員やサービス管理責任者が見学対応しますが、この一般公開見学会だけは私自身の肝いり企画として、直接質問に答えるという形ですが、私と同じ立場のような開業希望の方の参加が比較的多い気もします。それでもいろんな人が集まってきます。

当日、参加者からよくいただく質問の中には、私が意識してデザインしている事柄も多いので、とても楽しくお答えさせていただいています。一部ご紹介します。

Q　国からの補助金はありますか？

起業1年目に「地域創造的起業補助金」が採択され、経済産業省より100万円の交付を受けました。補助金ではありませんが、スタッフの処遇や労働条件を改善するともらえる労働局からの助成金は毎年申請しています。

Q　スタッフさんの確保は大変ではないですか？

大変です。短時間勤務やダブルワーク、学生アルバイトやフリーランスの方などにも柔軟な働き方や、働きやすい環境を用意するなど工夫しています。5棟それぞれに365日のシフトを組むので、配置基準を上回る30人近くのスタッフがいますが、それでもまだ常に募集しています。

Q　一般的な戸建てでは、住居内にも段差があるけれど大丈夫なのですか？

知的や精神障がいを抱えた方が入居されていて、段差のある住居でも生活できる方なので問題ありません。足腰が健常な方にバリアフリー設計は必要ありません。

Q　空き家を活用とのことですが、建築基準は大丈夫ですか？

土木建築事務所の指導を受け、用途変更申請の必要がない２００㎡未満の物件を使用しています。１９８１年の新耐震基準以降の建物を使用しています。

Q　スプリンクラーは設置せずに開業できるのですか？

消防設備士さんに必要な火災報知設備を設置していただき、消防署の検査を受けています。支援区分の高い方の割合が増えるとスプリンクラーが必要ですので、入居者の支援区分も配慮して部屋割りをしています。

Q　インテリアや家具はどこで購入するのか

１００円ショップやリサイクルショップ、ホームセンターです。

Q　物品購入は誰がしていますか。

本部メンバーです。世話人さんは夕飯の買い出し含め、棟以外での仕事はしません。

Q　入居者はみんな就労事業所などに通われていますか？

休む人もいますが、ほとんどの方が毎日、就労支援事業所に通っています。日中しっかり活動することで、夜ぐっすり眠れるようになるので推奨しています。

Q　スタッフさんの年齢層は

20代から70代まで、フルコースです。女性の割合が多いです。

福祉はクリエイティブで面白い
――他業界からのチャレンジ

福祉の仕事は、環境、導線、配置、声かけ、表情などさまざまなアプローチ要素を駆使しつつ、目的に最適化しようと試行錯誤する、その行為すべてが本当にクリエイティブだと思います。

芸術大学出身、アートマネジメント大好きな私が、他業界からチャレンジして、飽きずにここまでやれているのだから、福祉を知らない人がこんなに面白いことを知ったら、こぞって飛び込んでくるのではないかとワクワクしています。

これから地域での「暮らし」を支援する、この業界に興味をもつ人たちがいるならば、一歩だけ先にスタートした私たちは、かっこよく後ろ姿を見せていたい。最高をつくりたい。その一心です。

私たちがアイリブとちぎを立ち上げた当初から比べると、福祉をとりまく制度や環境も大きく変化しました。当時は、障害者総合支援法が２０１３年に施行されてからさほど間がたっておらず、地域における福祉サービスが圧倒的に足りていない状況でしたが、時代は令和となり２０１８年ごろから提供する事業者は急速に増えはじめ、他業種からの参入も相次ぎ、福祉サービスにも多様性がうまれ、当事者たちの選択肢もずいぶんと増えてきました。

選択肢が増えた分、私たちができること、考えることも増えてきているはずです。「福祉ってこうでしょ」「グループホームはこうあるべき」のように、これまでの固定観念にしばられず、経営者、スタッフが一から考え、アイデアを絞り、誰のためにどんな福祉をしたいかを考えることで、これからの福祉が変わる気がします。「福祉らしくない福祉」を地域にぶっこんできた私たちだから、これからも新しい価値を創造していけると信じています。

アイリブ Episode

「はじめての迷子事件!!」

ある日の真冬の夕方17時に世話人さんが出勤すると、ドック棟のかずのりさんが見当たりません。かずのりさんは、60代の統合失調症の男性ですが、真面目でタイムキーパーのように時間に正確な方です。

世話人は、出勤するといつも顔を出すかずのりさんがいないことが信じられず、かずのりさんの部屋のベランダやクローゼットの中まで入念に探しました。

「やばい…ほんとにかずのりさんがいない…」世話人からアイリブ本部スタッフに連絡がきたのが、17時半。「かずのりさんが、グループホームにいないわけがない…何かあったのか?!」と、アイリブ開業以来はじめての大捜索が始まりました。

今日は休みの日、午後14時から自転車で出かけたのを一緒に住むメンバーが見ていました。動ける本部スタッフで近所のかずのりさんが自転車で行きそうなところを捜索…いません。パチンコしたいって言ってたな…とかいろいろ考え探しましたが…いません。

これはまずいとかずのりさんの通う就労スタッフにもヘルプを依頼しました。すると、かずのりさんの目撃情報が…なんと夕方隣町を自転車でアイリブと反対方向に走っていたと。

完全に道に迷っていたことが判明し、隣町を中心にアイリブにつながる道路の捜索を行いました。その時点で19時。真冬の19時は真っ暗

かずのりさん

です。もうすでに5時間経過…。

ご家族に行方不明を連絡し、警察に通報することを確認し、警察に行きました。目撃情報のあった隣町の交番に行き、かずのりさんの写真や特徴を伝えて捜索を依頼しました。情報を提示したあと、隣町だったので管轄の警察署に行くように言われアイリブ方面に戻りました。

「どこにいったのだろう、寒いし暗いし…」と考えて車を走らせると、なななななんと!! かずのりさん発見!! 一生懸命自転車で車道を走っていました。アイリブとはまた違う方面に行こうとしていました。道路の真ん中だったので、駐車できるところに停めて、猛ダッシュでかずのりさんのほうに走り声をかけました。かずのりさんは、ホッとした表情になりました。真冬なのに汗びっしょりになっていました。自転車を置いて、ひとまず車で交番に行き、発見を報告、その後、グループホームに戻りました。

ドック棟では、メンバー全員が心配して待っていました。かずのりさんを見て、みんなホッとしました。かずのりさんは、駅のイルミネーションがキレイと聞いて見に行こうとしたら道に迷ってしまったようです。途中何回か道を聞いたけれど誰も教えてくれなかったと話しました。

5時間走り続け、足も腰もパンパン、いつもはスタスタあがる階段をやっとこさあがりました。お風呂に入り、ご飯を食べた頃、心配したご家族が顔を見に来てくれました。次の日には、元気なかずのりさんがいて、「ありがとうね。もう駅にはいかねー。かーちゃんに怒られたよ」と笑っていました。

Part 4

アイリブで働く
スタッフ

スタッフ研修の様子

アイリブの1日とスタッフ

アイリブの朝、6時。小鳥のさえずりとともに出勤し、

「おはようございま〜す。朝ですよ〜」

あまねさんの部屋のドアを開けると、「眠い…」

掛け布団を除けると、胸の前でバツと表しています。10分後も眠い。20分後も眠い。だんだん世話人さんも声が大きくなり〜、「あまねさん、起きてください！」。

アイリブの世話人の仕事はこんなふうに夜明けとともに始まります。

——そんなわけない！

グループホームの仕事は24時間、365日。起床の声かけ、朝ごはんの準備は、夜勤スタッフの仕事なのです。

夕方17時、出勤すると棟の電話で出勤コールをし、アイリブのエプロンをつけて、リビングに来る女優ことといづみさんや入居者への挨拶・体調確認をして世話人の仕事が始まります。お風呂を沸かして夕食の準備。出汁の入ったお味噌汁にご飯の炊けるいい匂い、おかずの匂い…。

「今日のご飯は何？」「お腹空いたー」

「お風呂入っていいですか？」「洗濯します」と話しかける入居者。ただただリビングにいる入居者。

18時半の夕食までに料理をしながら、入居者の今日の悩みや出来事の話を聞いたり、「○○さん、お風呂入っていいですよ」と夕食前に2人の入居者への声かけ。

「お風呂あがりました」と入居者も世話人に声かけし、お風呂を洗ってまた沸かす。

そして、18時半のお楽しみの夕食。アイリブ入居者は、ほぼみーんな完食。世話人と一緒に薬の確認をして服薬します。

夕食のあとは、また2人入浴。世話人も食事を済ませて、夕食の片づけ、掃除。忙しく動く世話人を見ながら話をしたい入居者、一緒にオセロや将棋をしたい入居者、一緒に折り紙をしたい入居者、部屋でテレビを見る入居者、早くも寝てしまう入居者、それぞれの時間を過ごしています。お風呂やトイレ、洗濯と支援の必要な入居者にはタイミングを見て世話人が一緒に行っています。

「そろそろ寝る準備をしましょう」

21時、歯磨きの声かけ、入居者の部屋に行き寝る準備を見守り、22時に世話人は各部屋をまわって、室温のチェックやつけっぱなしの電気やテレビを消したりしながら睡眠の確認をします。22時にはぐっすり眠るアイリブ入居者。時々不安になったり、眠れなくてリビングに来ることもありますが、夜中も世話人が見守り、リビングにいてくれるのでみんな安心して眠っています。

世話人は、掃除やホーム中の消毒をしながら明日の朝食の準備や出汁づくり、入居者の明日の予定の確認、今日の様子を思い出して記録を書きます。

夜、静かなリビングで入居者の寝息やトイレに行く足音を聞きながら、時間ごとの見守りと休憩に入ります。

そして朝5時、エプロンをつけて朝食の準備。早くに起きて部屋の中でゴソゴソ、耐えきれなくなってリビングに来る入居者や洗濯を始めようとする入居者。洗濯もリビングもアイリブルールは6時から。「6時までちょっと待ってね」と声かけ。

6時、リビングの電気をつけるとすぐに入ってくる入居者、洗濯を始める入居者。ゆっくり寝ている入居者にはドアをノックし、「おはようございます、6時ですよ」と各部屋に声かけ。

リビングに来た人から、体温や体重測定など体調チェックを行い、起きてこない入居者には何度も声かけに行きます。「眠れましたか？　今日の体調は？　トイレは行った？」などなど。

6時半に朝食を食べたら平日の入居者は出勤準備。就労の送迎車が来る入居者、歩いて行く入居者、自転車で行く入居者、それぞれの時間に合わせて出勤準備の声かけや水筒の準備、アクアータ棟ではお昼のお弁当づくりの見守り。朝食の片づけをしながら、トイレや洗面所・リビングの掃除、洗濯、時にはゴミ出し、朝の世話人は大忙しの中、入居者が元気に出発できるように声かけしています。朝の様子を記録したら、退勤コール。入居者の1日の始まりとともに世話人の1日が終わります。

アイリブの休日は、アリスタ棟は日中支援の世話人にバトンタッチ！　洗濯・掃除に昼食やトイレ支援にお散歩と関わりながら、時々隣のアラーナ棟から来る入居者の声に耳を傾けています。アティーナ・アラーナ・ドック棟には、昼食支援を中心に必要な入居者の買い物同行や掃除支援など世話人や生活支援員がサポートしています。

スタッフの役割と働く思い

厚生労働省の定義では、グループホームは、知的障害者や精神障害者、認知症高齢者などが専門スタッフまたはヘルパーの支援のもと、集団で生活を行う家のことで、「障害者用グループホーム」と「高齢者用グループホーム」に分けられます。アイリブのグループホームは、「共同生活援助」といい、障害者総合支援法が定める障害者福祉サービスの一つです。基準に基づき、管理者、サービス管理責任者、生活支援員、世話人の4つの職種が入居者の支援に関わっています。

管理者はホーム運営を管理し、サービス管理責任者は関係機関と連携しながら長期的、短期的な個別支援計画を立てて評価する役割。生活支援員は個別支援計画の実現のため、日々の暮らしを支援する役割。そして、世話人は、日々の直接の世話を担い、経験や資格は不問で、人生経験が活きる大切な役割です。

グループホームのスタッフの配置基準は、法律で決まっており、アイリブでは、それぞれの棟の専属世話人を中心にして、生活支援員があと2、3人の世話人が棟を兼務しています。2023年3月現在、5棟の17人の入居者の生活に正社員が6人、パートが19人、訪問看護師5人の総勢30人のスタッフが関わっています。そんなアイリブで働くキャストからアイリブで働く思いをお聞きしました。

STAFF 1

ポジティブガールのあまねさんが「おーいしー!!」と連発する料理をつくるともこさん（アティーナ棟・世話人）

「こでらんねー！（最高！）」

アイリブでアルバイトをしていた友人に「世話人に向いている！」とすすめられ、アイリブの見学会に参加。障がい者が親元を離れて自分らしく生きる力を発揮するのを目の当たりにして、目からウロコでした。60歳の定年を迎え、人の役に立てたらと思い、働きはじめました。福祉の知識もない、料理は苦手、不安を抱えてのスタートでした。

しかし、世話人の仕事は面白くて楽しいんです。入居者さんが、私の料理を毎回「おいしい！」と言って食べてくれます。私が、食器や調理器具を探していると「ここ！」と教えてくれ、お風呂のスイッチの入れ忘れもさりげなくフォロー。入居者さんにも小さな失敗はありますが、そのたび「人と接しているんだな」と気づかされます。みんな素直でピュア、コットンかシルクに包まれているような居心地の良さを感じます。

夜勤を終えて、帰宅すると近くの運動公園へ1時間ほど散歩にでます。回り道をして神社にお参りし、心と体をクールダウン。午後にはお日様の匂いのする干したて布団に昼寝。「こでらんねー！」（栃木弁で堪えられない、の最上級の意味）。おかげさまで、私自身も、自分らしさを発揮しながら生きています。

STAFF 2

「水曜日の女優さん」こといづみさんを元気に送り出す
えみこさん（アラーナ棟・世話人）

「毎日変化があり、やりがいがある」

アイリブが開業した頃、資格がなくても働ける世話人ならできるかな?!と、町内で近いこともあり、アイリブで働き始めました。

当時は1棟で入居者もまだ数人、世話人の仕事はマニュアル通りにはいかず、どう接していいかドキドキ悩みました。

2棟目のアラーナ棟がオープンしてアラーナ専属になりましたが、入居者がなかなか決まらず、1日も早く入居者がきてくれるのを祈っていました。入居者の体験期間は本入居を願い、決まると生活が慣れるまでの1か月間は接していくのに毎日が夢中で、大変でしたが楽しくやりがいがありました。

私には、知的障がいと精神障がいのある娘がいます。共に暮らした29年間がアイリブで役に立ち、娘には感謝しています。精神障がい者をみるのは大変です。1週間と何事もない日はありません。次々といろんなことを言ったり、騒いだり、暗くうつ向いていたりですが、一つずつ自分なりに支援できるようになりました。

入居者のことは家族のように思い、みんな自分からはコミュニケーションをもとうとしないので、夕食後は一人ずつ談笑して少しでも笑って1日が終わるように心がけています。

世話人の仕事をして自分自身が変わったことは、娘の障がいを理解できるようになったことです。今までいろんな仕事をしてきましたが、人生最後の仕事に障がい者に接する世話人になったことに運命を感じています。毎日変化があり、世話人の仕事はやりがいがあり、生涯現役で貫きたい自分の天職だと思っています。

STAFF 3

「水曜日の女優さん」こといづみさんを励ます
みどりさん（アラーナ棟・世話人）

「歩み寄る努力で、悩みごと相談を受けるまでに」

結婚を機に栃木県にきたばかりの頃、アイリブと出会い、働き始めました。それまではまったく違う仕事をしていたので福祉は未経験、何もかも初めての経験でした。

アイリブで働いて成長したことは、人に対して歩み寄る大切さに気がつけたことです。私はあまり愛想がないほうなので、人に勘違いされやすく生きてきました。

アイリブで働いていて、精神障がいや知的障がいのある入居者さんと接しているとそれではダメだと思い、入居されている方に歩み寄ろうと努力しました。そのおかげで、悩みごとなどの相談を受けたりすることが多くなりました。

夕食のあと、話をしたい入居者さんがリ

ビングにくるので、お話をゆっくり聴くようにしています。今では、世話人という仕事が自分に向いていると思い、やりがいを感じています。あと料理の技術が上がり、主婦として効率よく調理できることも成長したと感じています。

STAFF 4

たかゆきさんの退院直後の支援をした大学生のきよしさん（仮名）（ドック棟・世話人）

「できることが増え、視野が広まった」

作業療法士の叔父の紹介で、自転車で通える町内のアイリブでアルバイトすることになりました。大学の専攻は法学部、まったくの異分野でしたが特に抵抗はありませんでした。それよりも家ではまったく料理をしないため、入居者の満足する料理をつくれるか？　不安でした。しかし、実際に勤務してみると、障がいに関係なく、ドックの入居者みなさんの優しさや親しみやすさのおかげで、すぐに馴染むことができました。

不安だった料理は、勤務の金曜日をカレーの日にしていただき、家でお母さんと練習し、問題なく行うことができました。みんな「おいしい！」とカレーを楽しみにしてくれたのがうれしかったです。

約1年半のアルバイトで私が最も成長を感じたのは料理です。最初はぎこちなかった包丁の扱いも、今では呼吸をするように扱うことができるほどになりました。他から見たら些細な成長かもしれませんが、初めて料理をした私にとっては大きな成長です。

また、入居者の支援でわからないことがあっても、メール等で連絡をするとすぐに返信が届き、的確な指示をもらうことができたため、その点でも安心して働くことができました。社会人になるとまったく違う仕事に就きますが、アイリブでのアルバイトを経験できてよかったです。おかげさまでできることが増え、視野も広がりました。

STAFF 5

たかゆきさんの地域移行支援をしたせいじさん（ドック棟・世話人）

「前を向いて日々を送れるような支援を」

若い頃に障がい者グループホームの管理人を経験、シニア海外協力隊の経験を経て、また障がい者支援をしたいとアイリブで働き始めました。アイリブで働きながら、日本語学校の先生や日本画・中国画教室、重度障がい者の絵画教室などの活動をしています。

入居者の方は、一人ひとり持ち味があるけど、世間一般の中では目立たない人たちかもしれません。私たち世話人は、その一人ひとりの持ち味を隠し味として、日々の支援に使わせてもらっています。ポジティブに前を向いて日々の生活を送れるような声かけと、過ごしやすい生活環境を提供させてもらっています。

みなさん大人なので、注意や指導ではない前向きな伝え方が大切だと感じています。私は言葉ではなく、得意な絵を用いて伝えるようにしています。そうやって日々の入居者への支援を工夫することが、私たち世話人の成長につながっているように思います。

今日も1日頑張りましょう！　入居者も世話人も前を向いて毎日を過ごしたいですね。

STAFF 6

働く日々が勉強、介護支援専門員（ケアマネジャー）かなさん（仮名）（アクアータ棟・世話人）

「私自身も元気をもらい、働きやすい」

地域社会で普段は介護保険分野のケアマネジャーをしています。障がい分野はまったく知らなかったのでアイリブで働き、この地域で自分の障がいを抱えながらも一生懸命に働き、生活している入居者を知りました。毎日頑張って働く姿に私自身も元気をもらっています。

入居者さんは、同年代が多いので、お互いに話もしやすく、会話も楽しんでいます。アイリブでの経験が介護保険分野のケアマネジャーの仕事にも活かされ、アイリブと職場の相互交流や研修にもつながっているので、世話人として働く日々が勉強になっています。

STAFF 7

短時間パートでアラーナ、ドック、そしてアリスタでの重度障がい者支援を経験するひさこさん

「人として関わる、向き合う」

私は、あまり障がい福祉ということを気にせずにダブルワークでこの仕事を始めました。身近に障がいのある人がいたわけでもなく、学んだわけでもなく、経験も知識もなく関わることになりました。

最初はあたふたして勤務が終わるという感じで、考える余裕もなかったのですが、少し落ち着いてくると世話人として関わる入居者に、どのように接していくのがいいのだろうかと考えるようになりました。

まずは勤務中の安全、体調、服薬などのチェックをしっかりというところから、個々に対して目を向けられるようになると、何もなく関わっている自分にはできることはあまりない、いや、むしろよくない対応をしていることもあるのではないかとも考えました。

でも、考えても何もない私には答えをだせるはずもなく、一人の人として関わるしかないのかなと思いました。もちろん、障がいのことをもっと知っていたら、もっとよい対応ができるのかもしれません。知らないからこそ、私なりに人として向き合うということ

を意識してやっていこうと思っています。

世話人勤務の時は一人ですが、アイリブは多くのスタッフが関わっています。私の足りないところは他の方たちが対応してくださっているから、入居しているみなさんが安心して暮らしているのだと思って、私もこの仕事を続けてこられたのだと思います。

勤務が終わり、家に向けて車を運転しながら、今日も無事に終わったとホッとする時に感じる小さな充実感があるから、これからも世話人を続けていきたいと思います。

「入居者・世話人をサポートするアイリブ本部スタッフ登場！」

共同生活援助では、管理者、サービス管理責任者、生活支援員の配置が義務づけられています。また、アイリブ訪問看護ステーションの看護師が医療面を支えています。

アイリブでは、5棟のグループホームを支え、運営するスタッフを「本部スタッフ」と呼び、本部スタッフは毎日5棟を走りまわってサポートしたり、夜間や休日は電話やメールで入居者と世話人をサポートしています。

STAFF 8

あかねさん（管理者・生活支援員・社会福祉士）

「入居者と働くみんなのたくさんの視点」

生活支援員は、食事や入浴、排泄または食事の介護、その他の直接的な支援を行います。個別支援計画の実現のため、日々の暮らしを支援する役割です。大学で特別支援教育を学んだり、ボランティア活動をしながら、アイリブでアルバイトを始めました。

真面目で誠実、入居者みんなに愛されるあかねさん、社会人になるタイミングでアイリブからラブコール！　今では、入居者の生活支援はもちろん、新しく入った世話人の研修や日々の世話人のフォロー、ミーティングの準備・進行も丁寧に行う信頼のあつい生活支援員です。アイリブに入社してから学校に通い、見事に社会福祉士に合格しました。

■感覚や思いは人それぞれ

居室の掃除が苦手なともみさん（仮名）の居室はゴミやほこりがたまってしまいがちです。一緒に掃除を始めますが、ともみさんは、掃除機や雑巾自体を汚いと感じてしまいます。ともみさんにとっては汚いものなので、触れないし、部屋に入れたくもありません。掃除機を目の前で拭いて「きれいになりましたよ」と見せても、「あなたにとってはきれいかもしれないけど、私にとっては違うんだ」と、掃除機は使えませんでした。

ともみさんが触ってもいいと思える掃除道具を探した結果、柄の長い粘着カーペットクリーナーなら大丈夫なことがわかりました。ともみさんが柄の長いカーペットクリーナーでほこりを取る。その後、私がともみさんの居室専用のタオルで拭き掃除をすることで落ち着きました。感覚や思いはそれぞれだとあらためて気づかされたエピソードでした。

働く人の違う見方に意義がある

突然のトラブルを「面白い！」ととらえられるタフな人、悩みながらも一生懸命に考えてくれる人などアイリブで働くスタッフにはいろんな人がいます。毎月のミーティングで話を聞くたびに、それぞれの思いがあって、一緒に働く人同士でも見方が違うことに気づかされます。

幻聴によって不安になる入居者さんの気持ちは、幻聴のない私は本当には理解できません。それが歯がゆいと思ったこともありますが、最近は「わからないからこそ、たくさん考えるのかな？」と思います。入居者さんの思いをいろんな人が違うとらえ方、違う見方で考えることに意義があるような気がしています。

そう考えると、私が未熟で悩んでいることも悪くないように思えるのです。そんなふうに自分自身を肯定的に受けとめられるのも、ちょっぴりタフになってきたのも、入居者のみなさんと一緒に働くみんなのおかげです。

アイリブで働き始めたころ、自分でも住みたいと思うグループホームにしたい。自分に関わってほしいと思うスタッフになりたいと思っていました。今でも大切な視点だとは思いますが、「自分」が住みたい、その「自分」はとても多彩だから、たくさんの違った視点も必要なのだと感じています。

STAFF 9

よしえさん（サービス管理責任者・生活支援員・介護福祉士）

「アイリブとの出会いが自分自身の成長に」

入居者の個別支援計画の作成や家族・外部関係機関との連絡調整を行っています。

LINEや電話で入居者や家族とのやりとりを日々行い、入居者の金銭管理から買い物、毎日元気に働けるよう細やかに支援しています。明るく元気が取り柄なよしえさん！　優しさの中に、ある時には厳しく入居者をサポートするアイリブの心強い存在です。

介護福祉士として高齢者施設で働いた経験はあるものの、子育てのため一時は専業主婦をしていました。そんな中ふと出会ったアイリブ。はじめは少しお手伝いを…と思っていたら、あっという間にサービス管理責任者になりました。

みんなで話し合うのがアイリブのよいところ

アイリブ開業時、少しお手伝いを…と思って入り、初めてアティーナ棟に勤務に入った時は、娘が増えたようで、本当に楽しかったです。しかし、気がつくとあっという間にサービス管理責任者になって、久しぶりに真剣に仕事と向き合うようになると、プライベートや子育てとの両立で、何度も続けられないと思いました。

しかし、家庭の事情に合わせた働き方の提案、子どもの予定に合わせた勤務、在宅ワーク可と、話し合いながら何とか今も続けてこられました。アナログ人間だった私がパソコンや携帯を使いこなすようになるなんて…ビックリです。

アイリブのナチュラルクリーニングや調味料にこだわっているところにも惹かれています。病気や障がいはあるけれど、なるべく薬に頼らず、入居者みんなが、元気に日常生活が送れたらという思いで、押麦で便秘対策をしたり、ご飯や誕生日のケーキなどメニューを工夫したりと、その都度、日々の状態をみている世話人や生活支援員と話し合いながらすすめていけるのもアイリブのよいところだと思います。

24時間365日のアイリブ、入居者支援で悩むことも世話人の相談で悩むこともたくさんあります。子どもの用事で電話が取れなかったり、すぐに対応できないときには歯がゆい思いをすることもあります。でも入居者と話し合ったり、世話人と話し合ったり、本部スタッフで話し合いながら日々の支援をすすめています。そして、アイリブだけでなく家族や関係機関の協力があってこその支援だと感じています。アイリブと出会い、入居者と出会い、自分の子どもの成長とともに少しずつ私自身も成長できていると感じています。

STAFF 10

きょうこさん（看護師・管理者）

「私の看護感？」

アイリブ訪問看護ステーションの看護師・管理者としてアイリブを支えています。

総合病院や訪問看護ステーション、看護学校の教員という多くの経験を経てアイリブと出会いました。

親子3代看護師！　妻として母として祖母としての経験も優しく厳しい愛ある看護感に君臨しています。

■自分の看護感を問い直す

ひと昔前なら、定年を迎えたら、のんびり気ままな生活を送る!が、ほとんどでした。高齢者の現状として、まだニーズがある、働ける体力と気力がある。「チコちゃんに叱られないように、ボーっと生きるのはやめよう」とアイリブの扉をたたきました。

今まで多くの人たちの〝看護感〟に触れてきましたが、さて自分の考えは？と改めて考えました。そうだ！と思い当たることは「看護の文字を分解すると、手・目・護るになる、だから看護師は常に相手に対して、触れる・観察する・不具合はないか見守ることなのよ」と初代看護師の母親がよく話していました。

アイリブと出会い、訪問看護に携わることができたから、今はそれが毎日自然にできていると思います。「凄いでしょ」と、改めて自身を振り返ることができました。

心身の健康のために看護師として、対象者が折れないように叱咤激励しながら、「一生できる仕事に就きなさい」と母が勧めた看護職は、私にとっての適職で、両親にはおかげさまでの気持ち、「感謝」しかない日々を過ごしています。

「捨て癖をレンタルシステムで解消」

「そうだ！　レンタルにしよう！」

アイリブとちぎの事務所アデーラでは、メンバーに衣類とCDのレンタルを行っています。レンタルと言っても費用は取らずに寄付で賄っています。コロナ禍で図書館の閉鎖や外出禁止の時期もあり、メンバーの余暇を広げるためにスタッフの聴かなくなったCDを集めてレンタルを始めました。レンタルを開始したのには、あるメンバーのエピソードがありました。

アラーナ棟ともこさん、統合失調症の方、病院を退院したときに、ご家族がお部屋に用意してくれたものやアイリブに寄付でいただいたもので生活するようになりました。しかし、衣類・タオル・布団・ラジカセ・CD・カーテン・テーブル・テレビ台など、物を部屋に置いていると妄想や幻聴があって〝気圧〟が悪くなってしまい、なんでも捨ててしまいます。ちょっと汚れたり、傷がついたりしても気になって捨ててしまいます。

一回捨てたものはもう使いたくなくなってしまいます。ともこさんは、金銭的に余裕があるわけではないのに、どんどん物を捨ててしまい、気がついたら部屋にはタンスと時計と洗濯物干し、洗剤と入浴や歯磨きセット、衣類・下着2セットしかありません！

「服がないのでほしいです」「タオルが乾きません！」「新しい布団がほしいです」　物を捨てると、次は新しいものがほしくなり、家族に買ってほしいという要望が増えてしまいます。しかし、家族もすぐに捨ててしまうともこさんにすぐに買ってあげることはできません。そうするとますますともこさんのストレスはたまってしまいました。

アイリブスタッフは、どうしたらともこさんが物を捨てないのか、どうしたら物を大事にできるのか必死に考えました。「家族に買ってもらったのだから大事にしようよ」「すぐに買えないよ」と、何度も何度も声かけしてもこっそり捨ててしまいます。ゴミ箱をチェックしてともこさんに返しても、ともこさんは一度捨てたものを使いたくありません。

ともこさんは、徐々に幻聴や妄想も強くなり、ついに地域生活を送ることが難しくなり一時入院となりました。入院の時に部屋にあるすべての荷物を持っていきましたが、病院からは、あれを持ってきてほしい、これを持ってきてほしい…と連絡が入ります。「すみません…服もタオルも下着もそれしかないんです」としか言えず、病院ではタオルや病衣をレンタルすることになりました。

その時に…「そうだ‼ レンタルにすれば、アイリブの物だから捨てないんじゃないのか⁈」と思いました。そう決めて、退院時よりアイリブのレンタルをスタートさせたのです。まずは退院日前に、寄付であったカーテンとベッドカバー・掛け布団を用意しました。退院日当日、サービス管理責任者から、「ともこさん！ レンタルだから勝手に捨てないでくださいね」と、お話ししました。「はい、わかりました」と、素直に返事します。

ともこさん

「服がないんです…。何かないですか？（家族に）買ってもらってください」そのように言ってくると思って、スタッフから不要な衣類を集めて用意していました。「ともこさん、服はこの中から選んでくださいね。服もレンタルだから捨てないでくださいね」と説明し、ともこさんは納得していました。ともこさんの反応をみながらアイリブのレンタルが始まったのです。数日後、ともこさんは、「この服を違う服に交換してください」と、事務所にきました。捨てることを我慢して交換できたのです。

またある日は、「これ、私がいらない…って捨てた服ですよね」と、以前捨てていた服をみて、そのように言いましたが、借りていったのです。ともこさんは、捨てることをしなくなりました。ただ自分のものはどうしても捨てたくなります。そんな時は、「一回アイリブに預けてね」と、伝えました。そうすると、「これ、部屋に置いておけないんです。預かってください」と、持ってくるようになり、また落ち着いたときに、「あれ、返してください」と、言えるようになったのです。まだまだ下着や靴下などは、すぐに捨ててしまい、購入していますが、たくさん捨てることはなくなりました。

今日もまたともこさんが、「この服交換してください」「このラジカセ預かってください」「CD貸してください」「色鉛筆貸してください。塗り絵ください」と、事務所に顔を出しています。それが、ともこさんのコミュニケーションの一つなのかもしれませんね。

Part 5

アイリブ×
作業療法士のマネジメント

日高 愛

「アイリブとちぎ」に作業療法士（ＯＴ）が関わっていることは、あまり知られていません。栃木県に大阪人がいるだけで、はい、浮いてます。大阪弁は隠してるし、「なんでやねん！」って、毎日のように突っ込みますが心の中で言ってます（笑）。

アイリブ開業2年が経過する頃まで、バリバリ大阪で仕事をしていましたし、アイリブ関係者もなぜかアイリブには大阪弁の人がいる？くらいにしか思ってなかったんちゃいますかね。コテコテ大阪人ＯＴの私とアイリブのストーリー、ＯＴのマネジメントを交えてお話しします。

ＬＩＮＥがきたー!!

２０１８年3月にバイト仲間だった河合からＬＩＮＥがきました。「一緒に会社しよう」。２、３日考えたような考えていないような…ＯＫの返事をしてアイリブがスタートしました。２０１７年夏、前職を退職してすぐ東京でふらふらしていた時、久しぶりにバイト仲間だった河合と再会し、冗談交じりに「何か一緒にしよう」と別れ際に言われました。そのあと12月大阪で再会、なんだかここ10年で一番河合と会った年でした。

２０１７年、ＯＴとしては転機の年であり、２０１７年11月29日（水）は、最愛の母が亡くなった年でもありました。

亡くなる日の朝、いつものように家の掃除をして、孫のためにせっせと集めたコカ・コーラボトルのクリスマスケーキが当選したことを喜び、私が当選した安室奈美恵のラストコンサートに一緒に行く話をする。「お母さん、どうしよう。幸せだわ。幸せすぎるね」と、いつも笑顔の母は、いつも以上の幸せをかみしめていました。「愛ちゃん、ランチ行こうよ」と、母が言ったけれど、仕事のあった私は、母がつくってくれた焼うどんを一緒に食べて出かけました。

数時間後、学校から帰宅した一緒に住む3人の孫たちがゲームに夢中になった頃、母は急性心筋梗塞で自宅で亡くなりました。当時小学5年生の甥が発見し、救急車を呼び、弟たちを連れて病院に搬送してくれましたが、甥からの連絡を受けて、私が病院に到着した時にはすでに心停止していました。最期に握った手の感触は今も忘れることはできません。産まれたときから最上級の愛情で包みこんでくれた母、愛情と人への感謝・笑顔にあふれた人でした。

64歳の母の死は、あまりにも突然で、私にとって人の死があまりにもあっけないものだと感じさせるものでした。病院や在宅で多くの方々の最期を見届け、精一杯OTとしてリハビリテーション（以下、リハビリ）をしてきた私にとって、あまりにもあっけなく、無力でした。唯一の救いは、母はその日幸せを感じていたこと。身近な愛する人の死がこんなにもつらく悲しいものだとはじめて知りました。涙が止まらなく、喪失感で押しつぶされそうで、当時、個別にみていた利用者さんを担当することすら拒否反応がでました。そんな自分が担当しているのも申し訳なく、思い切って利用者を担当することをやめました。

その頃、母校の大阪リハビリテーション専門学校の教員の話がきたので、臨床を離れようと思い教員になりました。同時に予防医学に役立つのでないかと趣味の延長で始めたヨガインストラクター養成講座で一緒だった理学療法士（以下、ＰＴ＝Physical Therapist）の町田ユカリさんが立ち上げたアンビリカヨガ®のアンビリカヨガｓｔｕｄｉｏ（大阪市阿倍野区）のオープニングスタッフに入ってほしいと誘っていただき、金曜日はヨガレッスンすることになりました。

母の死と向き合いながら、母の名前「律子」から、ヨガインストラクター「律」として活動を始めました。「律」は、自律の「律」でもあるので自分自身と向き合うため、母が生きた証を残すためにこの名前にしました。この時背中を押してくれたユカリさんには感謝です。今でも、アンビリカヨガｓｔｕｄｉｏの登録インストラクターに「律」を残し、私の活動を待ってくれているので、少し時間ができたらアンビリカヨガ®の思いを広げる活動ができればと思っています。

そして２０１８年３月、河合からＬＩＮＥがきました。母の死という喪失感のエネルギーにあふれた私は、その頃きた仕事は、なんでも引き受けていたので、なんでもよかったのだと思います。栃木にこだわりはなく、その時は大阪から少し手伝う程度、「数年後の大阪進出のとき手伝って」ということだったので、ただただ、エネルギーをぶつける何かをしたかっただけだったと思います。

河合のように素晴らしい理念も社会課題を解決したいなどの思いもまったくありませんでした。正直、私は夜勤が嫌で看護師ではなくリハビリ職のOTになったので、「24時間・365日のグループホームなんてよくやるなぁ」と半分他人事でした。理想を掲げて突き進める力が河合のすごいところです。たまに急発進で走りすぎてぶつかっていますが（笑）。喪失感のエネルギーをぶつけ、創造してつくっていく…そんな作業をしたかったからOKしたのだと思います。

私の母は、私の一番の理解者で、あたたかく見守り、自由に育ててくれました。ただ、新人時代を過ごした石川県に就職すること、石川県に住み続けること、JICA青年海外協力隊に行くことは大反対でした。鹿児島県から大阪府に嫁いだ母は、鹿児島の家族が大好きだったので、自分の家族が傍にいることを望んでいました。

母が亡くなり、栃木県に会社を作った。当初、栃木県に住むつもりはまったくなかったのですが、生きていたらきっと大反対です。「アイリブ」、母がくれた「愛」という名前もある意味残せた（別に由来に名前は関係ないですが）し、いまは喜んで応援しているのではないでしょうか。まぁ、でものんびり屋の私が、アイリブ開業以来働きすぎなので、「愛ちゃん、てげてげ（適当に：鹿児島弁）にしなさい」と、言うのではないでしょうか。

ワカメちゃんOTを目指す

私は、鹿児島出身の両親のもと、大阪で「サザエさんのような家庭」で育ちました。剣道7段で国家公務員の厳格な父、愛情豊かで優しく大らかな母、明るく天真爛漫な家族思いの姉、そして優しくみんなを見守る義兄とタラちゃんのような男の子が3人。違うところは中学生という若干12歳という若さで、剣道強豪校の全寮制の学校に行って早くに自立した弟くらいで、私はワカメちゃんのように自由に育ちました。仕事で出会う人には、しっかりしていると思われがちですが、愛情深く私のことが大好きな母と姉がせっせと面倒をみて可愛がってくれていたので、甘えに甘えまくったのんびり屋の大らかな性格だと思います。

両親は人が集まるのが大好きで、子どもの頃は、父を慕う剣道仲間や後輩が毎晩のように我が家に集まり、母がお酒やご飯をふるまうのが日常でした。私たち姉弟は、差し入れに買ってきてくれるアイスやお菓子を楽しみに待ち、みんなの大声で聞こえないテレビをみながら、大人たちが楽しそうに、時には真剣に熱く語り合うのを聞いて育ちました。いつも我が家に人が集まっていたのでグループホームのような賑やかな場所は好きですね。

父に似て運動神経は結構いいほうで運動会では大活躍、小・中・高とバスケットボールに明け暮れ、ずっとキャプテンをしていました。勉強は…悪くはないですが、授業以外ではあまりしなかったです。高校は楽しく過ごしたいと、少し前にバブリーダンスでブレイクした愉快な高校で過ごし、医療系で夜勤をしたくないという理由でなんだか面白そうなＯＴを目指しました。勉強しないまま受験し、国公立の学校を見事玉砕し、その年にできたばかりの大阪リハビリテーション専門学校のチラシがたまたま目にとまり、自宅から一番近いリハビリの学校を見つけた！と受験して入学しました。

２０００年開校のできたばかりの１期生でしたが、今考えると素晴らしいＯＴ教員が揃っていて、全分野で病院や施設ではなく地域を見据えた授業カリキュラムが多かったので、自然に将来は地域で働きたいと思うようになりました。学生時代に出会えた先生方に今でもお世話になっていて、卒業後もカンボジア支援への同行やプロサッカー選手やバスケ選手との障がい者スポーツ、特別支援学校のＯＴ相談などさまざまな経験をさせてもらいました。

実はアイリブには、関西・四国で活躍する精神・小児発達分野のスーパーＯＴがアドバイザーに入ってくれています。２０２０~２０２２年にアイリブ入居者と実施した学校法人高知学園高知リハビリテーション専門職大学の精神科作業療法評価学の当事者参加型オンライン授業も恩師と一緒に行っています。また、ＯＴ１期生メンバーは、後輩たちには「伝説の１期生！」と呼ばれるほど個性豊かで優秀で、毎日の授業や休み時間は笑いにあふれ、ＯＴを目指した４年間が本当に面白かったです。そんな専門学校生活の合間のアルバイトで河合と出会いました。

卒業後は、石川県の能登半島にある社会医療法人財団薫仙会恵寿総合病院グループ（以下、恵寿）に就職しました。なんで石川？というクエスチョンは、今のなんで栃木？と同じくらい言われました（笑）。なんでかというと、専門学校4年生の長期臨床実習で7週間学ばせて頂いた恵寿総合病院は、素晴らしいOTがたくさんいてこの人たちの元でもっと学びたいと思ったこと、そして、実習の最後に「地域で活躍するOTになりたい」と言った私を「3年であなたを地域で活躍するOTに育てます。3年でいいから恵寿に来てください」と、ありがたいことに声をかけてくれました。「なんで石川なの？　大阪でいいじゃない」と、大反対だった両親を説得し、3年と決めて行きました。

けいじゅヘルスケアシステムを確立した、「医療・介護・予防・障がい」全分野を学べる環境、他職種がOTの役割を理解して働ける環境、そして、全サービス共通の1患者1IDを導入した電子カルテシステムは、石川を離れた時にはじめてあたり前ではないんだと凄さを感じたほどです。

何よりOTの先輩方が、OTとしての枠を超えて、病院・施設運営や経営に関わっていること、フレックスタイム制の勤務を導入し大学院で研究をしていること、書籍出版していること、医療・介護・予防・障がいという分野関係なく交流し、やりたいと思えば、どの分野もチャレンジできることを間近で見て感じた3年間は、自分自身のOTとしての可能性や働き方の概念を広げることにつながったと思います。今でも、判断に迷った時には、恵寿時代の上司の顔が浮かび、「きっとこう言うだろうな」と思って決めていることが多いです。

What's OT ??

OTは日本ではリハビリの専門家であり、日常の生活行為の専門家です。医療・福祉の現場でハンドセラピーや脳血管障がい、精神障がい、認知症などの治療としての専門的技術を活かすOTがいわゆる世間一般的なOTです。まだまだ知名度が低いですが…。

一方で、地域で活躍するOTは、医学的知識をベースに、対象者の〝needs＝希望〟に寄り添いながら、今まで生きてきた人生や本人の語り・物語（narrative）を大切に、「心」「体」「生活」「生きがい」をassesment＝評価し、「人」「環境」「物（作業）」の視点からその方にとって必要なことをマネジメントすることを強みとしています。

日常の生活行為のすべては、作業遂行するときには、「人」「環境」「物（作業）」の相互作用でうまく行うことができます。しかし、うまくできないときに、どこを改善すればよいのか、どこを補えばよいのかを評価し、マネジメント

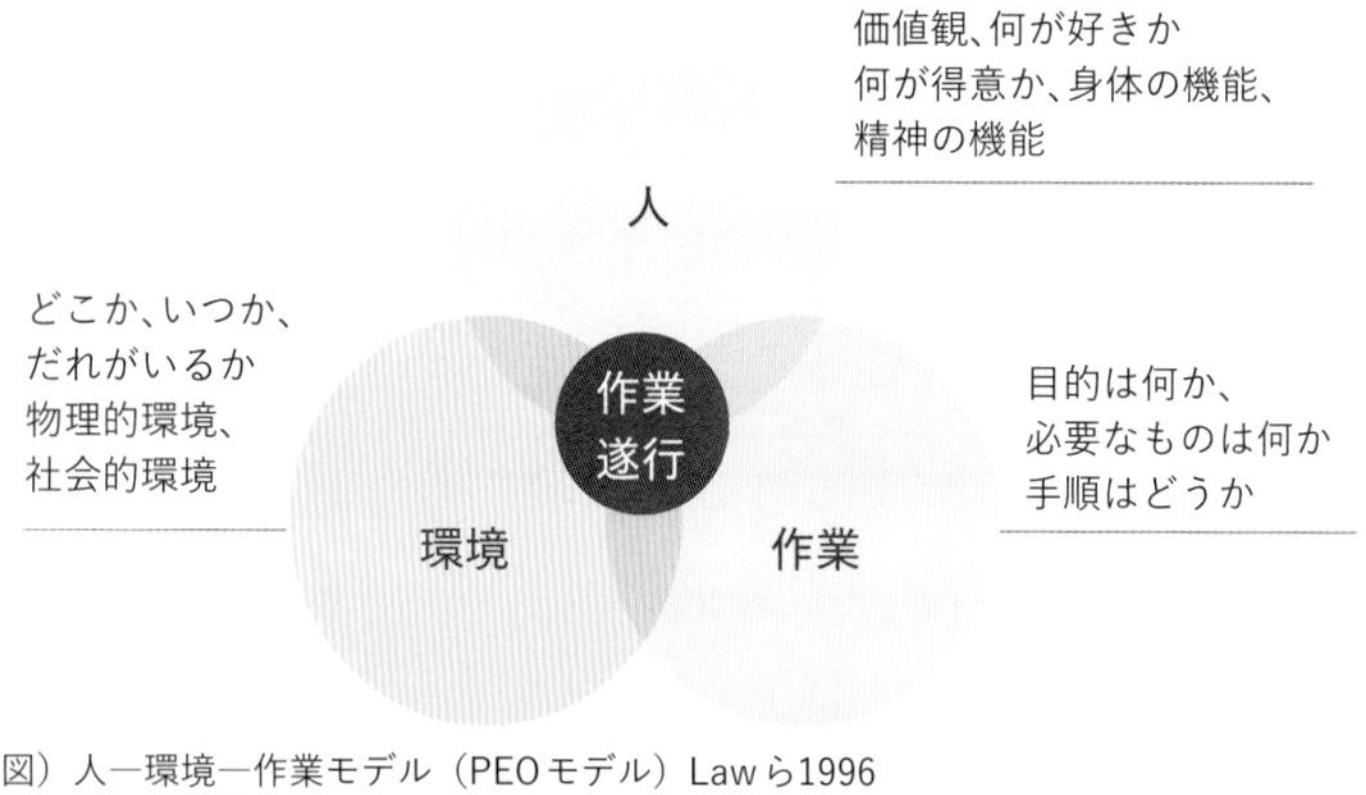

図）人―環境―作業モデル（PEOモデル）Lawら1996
Person―Environment―Occupation Model of occupational performance

出典：Law M, Cooper B, Strong S, Stewart D, Rigby P, etal :The Person-Environment-Occupation Model : A transactive approach to Occupational performance. Can J Occup Ther63(1):9-23,1996をもとに筆者作成

して「つなげる」ことこそ、ＯＴの強みであり面白さだと思っています。

また「生きることの全体像」を示すＩＣＦ(International Classification of Functioning, Disability and Health，国際生活機能分類）においても、ＯＴは医学的知識があり、生活行為の専門家だからこそＩＣＦを活かすことができる一番適した職業だと思っています。ＩＣＦで生活機能を評価し、足りないピースは何かを探し、そこをつなげていく。今まで、ＯＴとして一人ひとりの患者さん、対象者の評価や治療をする中で、自然とマネジメント力が鍛えられたな、と感じていました。

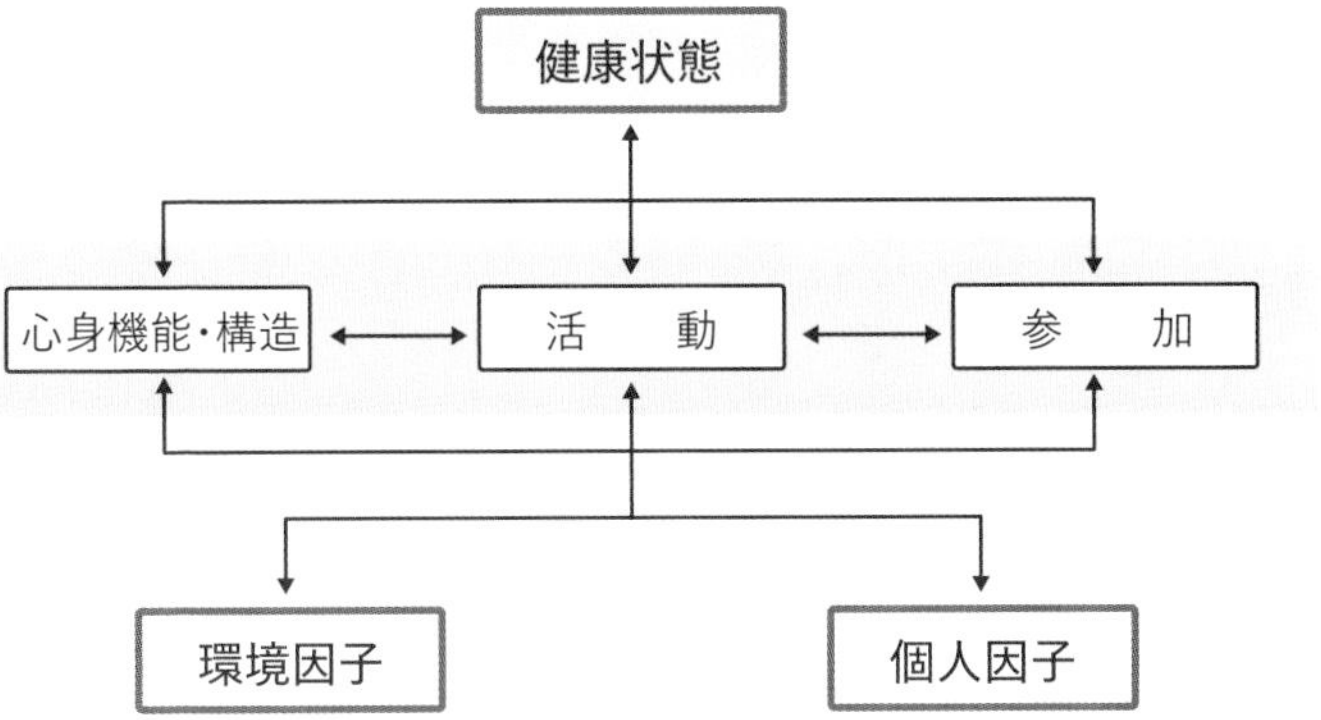

図）ICFの生活機能モデル
出典：第１回社会保障審議会統計分科会　生活機能分類専門委員会　参考資料（大川）をもとに筆者作成

私がアイリブでしていることは、直接支援だけではなく、一人ひとりの評価を整理して足りないピースを探してつなげるというマネジメント、そしてアイリブスタッフに伝えることをしています。これからは病院や施設、高齢者の分野だけでなく、地域の障がい者の事業所、学校や塾や一般企業・予防事業などにもＯＴのマネジメント力を求める声が増えていくことを期待しています。

ＯＴとしての関わりのきっかけ

アイリブ開業当初の２０１８～２０１９年は、大阪在住でトリプルワーク中だったのでＺｏｏｍやメールといったいわゆるリモートワークで関わっていました。「大阪進出のときに…」という話だったので、当初はＯＴの知識も経験もまったくなんにも活かしていません！　開業準備室メンバーの３人（河合・看護師・ＯＴ）はしっかりしていたので、ほぼすべて現場はお任せ状態でした。

特に精神病院で働いた経験のある看護師の方は、病院や施設でなく「地域で暮らす」

ことを支援したいという思いをもっていたので、「生活」をみるアイリブ支援の基礎をつくってくれたと思います。ただ…不動産オタクでこだわりすぎてなかなか物件を決めれない河合にしびれをきらして、大阪からまったく土地勘もない栃木の物件をネット検索で見つけたのは私です（笑）。

不動産にまったく興味がない私は、お金のないアイリブが最小限のテコ入れで開業できる物件のみで探し出し、好きなカラーである黄色の家、なおかつ不動産オーナーが大阪の人だという、運命の1号棟アティーナ物件をヒットさせたのでした。その後も大阪から2号棟アラーナ・3号棟ドックをヒットさせたのは私だということは、みなさん内緒にしといてください（笑）。

そして、タイミングだけではなく、私が河合と起業した一番の動機は、福祉未経験だからこそみえる、新しい「福祉らしくない福祉」の形を実現したいと思ったこと。単に医療・福祉の整ったものをつくるなら、知り合いの専門家ばかりを集めてプロフェッショナルな事業をしたと思います。OTとして職場や人に恵まれ、多くの経験をさせてもらいながら、楽しく働いてはきたものの既存の医療福祉制度の世界に窮屈さを感じてました。だからこそ、福祉未経験の河合と起業したので、医療・福祉業界に染まった私にはない発想を活かしてほしい、とりあえず好きにやってもらおう、という思いのほうが強かったです。

ＯＴとしては、身体障がいの方や高齢者・難病の方を中心に関わってきたので、アイリブの対象とする精神・知的障がいの方へのリハビリの経験がなかったこともあって、どんなふうにＯＴの知識や経験を活かしていこうかな、と模索していた部分もあったと思います。

入居者はというと、時々大阪から来てはグループホームに世話人として泊まる私に「大阪の人が来た」という珍しさで「家から何時間かかるの？」「たこ焼きたべたいな」「大阪行ったことあるよ」と、楽しく話しかけてくれてました。いまだに「前に大阪から来ておいしいスパゲティつくってくれたね。あれまた食べたいな（レトルトです（笑））」と、ネタのように話してくれます。

一方大阪では、栃木から戻った後には、いつもなんだかぎこちない標準語混じりの関西弁で授業をする私に対して、すかさず生徒の一人が、「先生、なんで今日は標準語使うんですか?!」と突っ込まれる始末でした。退職の時、栃木県に会社を設立し、障がい福祉事業としてのアイリブをつくった話をすると、ＯＴが起業するということに興味深々に耳を傾け、応援してくれました。いつか、ＯＴとして成長した生徒たちが関西からアイリブに遊びに来てくれるのが楽しみやな、と思っています。

関わり方・思いの変化

開業当初は、Ｚｏｏｍやメールでの関わりがメインでしたが、数か月に1回は栃木に来て現場チェックをしていました。当時の私が行っていた現場チェックのポイントは次の4点です。

①物件チェック：新しい物件をネットでチェックし、現地に行ったときに見て決める。
開業前に泊まって住み心地や環境・水回りのチェックをする。

↓見知らぬ土地で、見知らぬ一軒家に一人泊まるのはなかなか怖かったです…。でも、どこでも眠れるのが私の長所！　実際、チェック後にグループホームとして×だったのは、4棟目の2人用グループホームにしたかった今の事務所アデーラです。年末年始に泊まった際には、温泉に入っても、暖房をつけても、ありったけの服を着て背中にカイロを貼っても凍えて寝れなかったです。さすがに人は住めんやろ、と判断し、事務所にすることになりました。今でも冬、本部スタッフは凍えています(笑)。

②入居メンバーのチェック：メンバーとのコミュニケーションを図りながら日常生活の状態把握をする。

↓会話の中で状態把握して、スタッフミーティングで内容把握できるようにしてました。突然大阪から来た得体の知れない人にも笑顔で話せるアイリブメンバーは、本当に凄いコミュニケーション能力の持ち主やと思います!!

③スタッフチェック：働くスタッフとのコミュニケーションを図りながら状態把握する。

↓スタッフ全員とコミュニケーションをとって、現場の課題をどんどんだしてもらいました。大阪から来て昼も夜もせっせと働いていると、お母さんのように私の分までご飯をつくってくれる世話人さんもいました。当時、不十分だらけのアイリブを支えてくれたスタッフの皆さんには感謝しかないですね。

④その他：事業所運営に必要なものをチェックして不足しているものを作成する。
⇩書類で足りないものやスタッフマニュアルなど必要と思ったらその場ですぐにつくってました。車もなかったので、歩いて近くの100円ショップにファイル等を買いに行き夜中に作成し、書類整理をしてました。

今、考えるとこの2年間はほんまによくやってたなって感じです。この①〜④を栃木に来た2、3日で世話人として夜勤の勤務に入りながらやってました。なぜ世話人として夜勤に入ってたのかというと、人が足りなかったり、実際の勤務オペレーションの整理をするためでもあったけど、一番の理由はアイリブのある高根沢町に宿泊施設がなかったからです。あっても車が必要で車のない私はグループホームに泊まる選択肢しかなかったのです。

栃木に来るときは、ほぼ24時間×3日程度フル回転だったので、「よくやれますね」と、言われたけど「しゃーないやん！　時間があれば河合やスタッフ・メンバーと話をせな仕事すすまんし、寝てたら時間がない！　気がついたらもう3日たってるやん！」って感じでした。一度、栃木から帰りの飛行機も新幹線も台風で動かなくなったことがあり、翌日始発で新幹線の東京―大阪間を立ちっぱなしで帰ったことがあります。帰ってすぐに学校に出勤して授業をしたときはなかなかハードでした…。

アイリブ開業から半年経過した頃から、特にスタッフとのコミュニケーションを図るために、栃木に来る日に合わせて、研修会を企画・実施するようになりました。研修で学んでほしい気持ちもありますが、なるべく短い滞在期間でスタッフ全員に会うために行っていました。コロナ前でしたし、みんな夜勤明けや夜勤入りにもかかわらず、熱心に研修会に参加してくれました。日々の世話人勤務の中の困りごと、悩み、アイリブの課題を共有することが目的だったので、毎回時間が足りないくらい話をしていました。私は時々来る大阪人の副代表だったので、最初はスタッフもどう思っていたかはわかりません。徐々にですがスタッフとの関係性もできてくると、その中で私自身が感じることも変化していきました。

開業時は、福祉未経験のスタッフが多いから障がい者への先入観なく〝一人の人としての関わりができる〟ことがよいと思っていました。しかし、未経験のスタッフが多いからこその悩みや不安もあることに気づきました。スタッフが私に求めていたのは、専門職としての意見と関わりや支援のアドバイス、そしてそこから得られる安心感でした。支援に答えはありません。OTだからといって正解を教えられるわけでもありません。しかし、障がいのある方を支援するためにグループホームに一人で勤務する世話人の不安が大きくなれば、よりよい支援はできないので、専門職の意見を求めていました。

グループホームは「生活の場所」なので、毎日たくさんの課題がでてきます。例えば、①朝が苦手でなかなか起きれない。②急に不安になって気持ちが落ち込んでご飯が食べれない。③ほしいものがあるけど、お金の管理ができずに全部使ってしまって困る。④お腹が空いてホームの冷蔵庫にある食べ物を勝手に食べてしまう…。毎日グループホームでは、このような課題がどんどんでてきます。すぐに解決できなくても、世話人が安心して支援するために話し合い、どうすればよいのか、どのように関わればよいのか一緒に考えることが必要なのです。そのようなことを感じはじめたときに、大阪にいる時でも世話人や管理スタッフからの電話での相談が増えてきました。

ＯＴは日常の生活行為の専門家です。「生活」をみるグループホームにはＯＴの知識と経験を活かさなければならないのかな、という思いが少しずつでてきました。そして、数か月ごとに栃木に来るたびに課題も増えて時間が足りなくなってきました。3棟のグループホームをギリギリのスタッフでシフトをまわしていたこともあり、みんながいっぱいいっぱいになっていたと思います。このままの体制で続けていてもみんなが疲れてしまい、アイリブは成長できないと感じていきました。

安定したグループホーム運営やそれぞれの入居者やスタッフにとって、アイリブがよりよい安心できる居場所となるために、運営基盤を整え、そしてＯＴとしてマネジメントすることに決めました。

自立と自律

「障がい者の自立支援」とよく耳にします。OTとして習った自立とは、身体・経済・能力に関して「自分で行う」という意味で外的要素の独り立ちです。しかし、本当の意味の自立は、「自律」であり、「自分で決めて行動する」こと、いわば内的要素の独り立ちです。だから、人に頼ることも、福祉用具を使うことも、バリアフリーにすることすら自分で決めたことなら自律しています。そう、人も物もなんでも使えばいいのです！

私が人生で出会った障がい者は、「車椅子で酸素ボンベ持って、ヘルパーさんとスペイン行く！」とか、「ハワイで透析受けれるから1週間行ってくるね」とか、片麻痺で歩けなくても「友達と船乗って釣り行くわ！」とか「海外の仕事続けたいから、歩けるようにして。向こうのマンションの住宅改修頼むわ」とか、学校の先生も「ヘルパーさんについてきてもらってトイレ介助お願いする。授業してくるわ」とか「ディズニーランドのレストランでミキサー食お願いした！」とか、車いすで一人で外出してあちこちお手伝いしてもらえる施設探しをしたりとか…。結構、面白いユニークな方が多かったです。

そこから学んだことこそ、本当の「自律」です。自分の希望のため、ワクワク生きるために、人や物を使う頼る、環境を整える…。そう、自分ひとりでできなくてもそれでいいのです。ワガママ万歳！　希望を胸に抑えずだす。そこから自律支援が始まる、と思っています。失敗体験も挫折も自律支援、できないと決めつけてしないより、やってできないことを学ぶ、その経験こそが生きていく力になると信じています。

アイリブも「自分で暮らすをサポートする」ことをテーマにしているのも、まさに「自立」＋「自律」＝私らしい暮らし（人生）をサポートできればと思っ

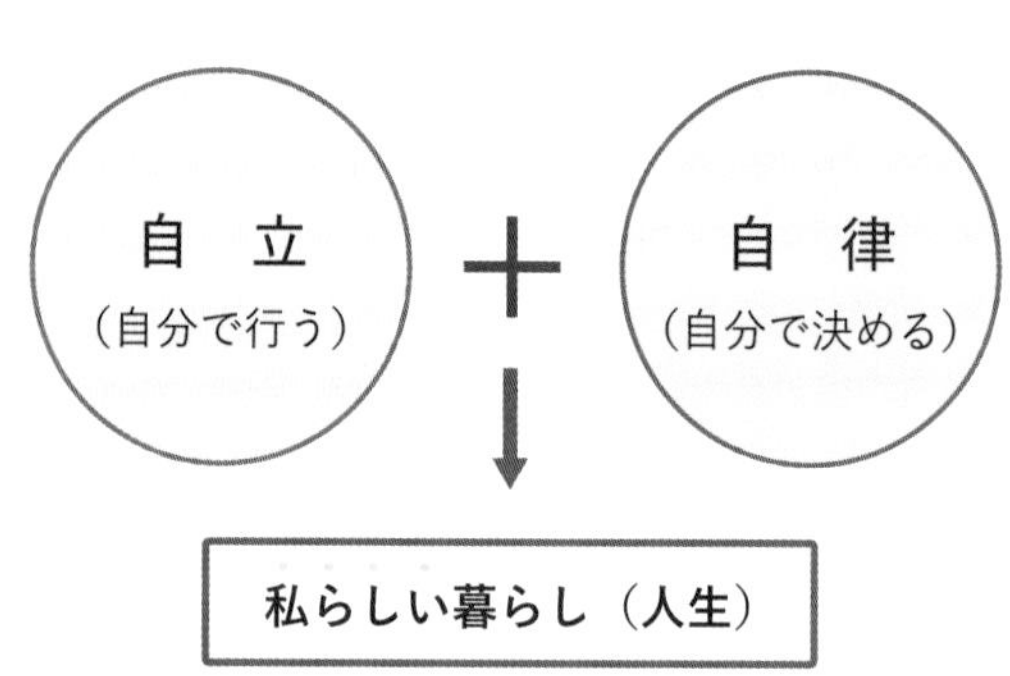

図）自立と自律

出典：ドクターズプラザ2018年９月号掲載，自立支援と自律支援（高室）をもとに筆者作成

ています。もちろん、「つらいから助けて」「できないから手伝って」と言うことは、恥ずかしいことではなく、そんな自分を見つめてヘルプを言えること！　手伝ってもらうこと！も自分で決めたなら自律といえるのです。

地域リハビリテーション（以下CBR＝Community Based Rehabilitation）

グループホームを経営することが、OTの仕事ですか？と疑問に思う方もいると思います。地域の空き家を活用し、ごくごく普通の住宅街にグループホームをつくるということは、〝障がい者があたり前に地域で暮らすこと〟です。そして、〝地域住民が障がい者とともに地域生活を送ること〟でもあるし、地域に住む人々がグループホームで働くことで、〝障がい者とともに生きていくこと〟にもつながります。「地域で安心してその人らしい暮らしができるように援助し、地域住民がともに暮らす体制づくりをすること」をＣＢＲといいます。

海外支援をしていたときに、直接支援のみをしていては発展途上国を変えることができないことを学びました。その地域の人材を育て、知識・経験を伝えることで、多くの人の人生が変わります。大袈裟かもしれませんが、私一人でOTとして直接支援をしてできることは限られます。だからこそ、栃木には縁も所縁もない私ですが、アイリブのある栃木県という地域の方々にOTとしての知識と経験を伝え、人材育成し、アイリブの理念や同じ思いをもつ方が一人でも増えることが、〝障がい者があたり前に地域で暮らす〟一番の近道だと思って関わっています。今なら誇りをもって、「OTとしてグループホームの仕事をしています」と言えますね。

地域×訪問OT in 大阪

大阪のど真ん中、通天閣とまではいきませんが阿倍野ハルカスの周辺で訪問OTとして約10年、毎日電動自転車や原付バイクでタイムスケジュールに追われて走りまわっていました。雨の日も台風も真夏も真冬も訪問していると、たまに宮沢賢治の「雨ニモマケズ」が頭の中に流れるほどでした。

地域性としては、非常に多様性にあふれ、家政婦がいるような高級住宅街から高層マンション、昔ながらの長屋、また西成区の生活保護のアパートなどのお宅を訪問し、人生経験豊かな、戦争経験者や戦争未亡人、被爆者、戦後日本の復興に尽力された方、会社経営者や医師・歯科医、人間国宝の文化人、商売人、在日の方など、さまざまな利用者の人生に触れ・話を聞いて学べたことが楽しかったです。

また、大阪の街には同様の介護事業者が年々増えていき、競争社会に突入していました。毎月の訪問件数目標を設定され、達成度をフィードバック、1週間でのべ25〜30名ほど担当していましたが、それぞれ違う主治医・介護支援専門員（以下、ケアマネ）など関係機関に訪問の合間にご挨拶の営業に行き、月に何件営業に回ったかも上司に提出していました。病院とは違う「利用者に選ばれるサービスを提供する」「サービスに見合った対価を現金でいただく」「自分の給料分は売上をあげる」という経営的視点はこの頃少しずつ養われたような気がします。

1分遅れたら電話が入ることもある時間管理、リハビリ中に動かした家の中の物を元に戻すという原状復帰への配慮、咳をしたときの利用者・家族の反応のための体調管理、言葉づかい、服装、靴、そして何よりリハビリの効果や利用者ニーズに応えれているのか…など気づきや配慮、人間力が鍛えられた気がします。

職場のＰＴの先輩や看護師もそうでしたが、関係者、特にケアマネやヘルパーさんはコッテコテの大阪のおばちゃんが多かったので、26歳で飛び込んだ地域は非常に厳しくも優しく鍛えてくれました（笑）。住宅改修や福祉用具選定、装具や車いす作製などいわゆる業者さんとの協業も多く、生きていく力や人間力を含めてたくさんのことを学べた期間だと思います。

しかし、地域の中で訪問ＯＴだけではできないことが見えてきたときに次のステージに行きたいと思うようになりました。でも、その頃はそれが何なのか？　自分の目指す本当の地域ＯＴ像は？という問いの中で退職し、フリーランスというのは名ばかりでヨガも含めて模索しながら活動を始めました。まさか栃木に縁があるとは思ってもいませんでしたが、コッテコテの大阪のおばちゃんＯＴとして、徐々に栃木でも本領発揮していきたいと思います。

OTマネジメントin栃木

２０２０年４月からＯＴとして、マネジメントをして運営基盤を整えるために栃木県に拠点を移しました。内部では、雇用・人材育成・研修・人材評価制度を整えたり、それぞれの職種の役割の明確化や勤務オペレーションの整理、業務マニュアルの作成などを行ってきました。外部では、営業活動、ＳＮＳの発信、講師などを行いましたが、コロナ禍の緊急事態宣言真っ只中、土地勘もない、知り合いも誰もいない栃木での営業活動は大阪との温度差もあり、県内中を気にせずグイグイ挨拶に行きまくる大阪人はかなり白い目で見られることもありました。ある意味、コロナ禍という諦めもあり、内部体制強化に集中できた気がします。

ＯＴだから何をした？というわけでもなく、ガチガチにアイリブにＯＴ視点を入れたかったわけでもありません。グループホームは訓練ではなく生活の場だし、入居者は身体障がいがあるわけでもないので、あえて家庭的な部分を活かすためにＯＴ視点を入れていない部分も多いです。特にアイリブは家庭的な部分がいいところなので、環境面はあえてバリアフリーにはせずに福祉用具もほぼ入れていません。そして、支援の部分では、直接支援というより情報や評価の整理を行って伝えることを中心に関わり、特にアイリブ支援で一番こだわって行っていることは、〝いいとこ探し〟と〝ポジティブフィードバックを活かした支援〟をすること、そして〝対話のある暮らし〟を意識して行いました。

いいとこ探し

「OTの強みは〝いいとこ探し〟です」――OT1年目に聞いたこの言葉は私の価値観を変えました。病気や障がいを学び治療すること、問題点を抽出して治すことに一生懸命になっていたときに、この言葉があったから患者さん一人ひとりをみることに気づけました。そして、私の魔法の言葉は、気がつけば〝ストレングス（強み）〟という言葉だと気がつきました。

アイリブでは、ストレングスアセスメントがあたり前になるよう一人ひとりの〝いいとこ探し〟をしています。個々の〝ストレングス＝強み〟を見つけてあげることが支援の始まりです。入居者のストレングスを個性として強化し、「面白い!!」と思うことが支援を楽しむことにつながるのです。困りごとが多いときには、どうしても課題や問題点に目が行き、そこの改善ばかりを考えてしまいます。そんな面白い個性豊かな入居者のチャレンジについて話し合うときには、できないところをただ伝えるのではなく、

1. いいとこを活かす！
2. チャレンジについて話し合う！
3. できたら褒める、褒めまくる！

と、いう順序で行っています。みんなが自然に〝いいとこ探し〟をしながら、個性を面白いと認めた支援をすることが入居者の生活改善にもなりますし、働くスタッフの気持ちも安定することにつながると感じています。

「ゴミは宝物」──知的障がいをもつてっちゃんの片づけの支援

〈ストレングス＝強み〉宝物を大事にする・お母さんが大好き・褒めると頑張る

ゴミ＝宝物で部屋がいっぱいになったときに宝物をどうしたいかをてっちゃんと話し合いました。

本人の希望は、「大事なものだからお母さんに持って帰ってもらって家に置きたい」でした。持って帰るために宝物を雑誌・新聞・ペットボトル・お菓子の袋とちゃんと分別するように場所をつくりました。分別して入れることができたら世話人も生活支援員も褒めて、褒めることにより片づけが好きになりました。

宝物を捨てることはできないので、大好きなお母さんに協力してもらい、定期的に自宅に持ち帰って保管（保管方法はお母さんにお任せ！）してもらっています。

一時は捨てられないので宝物（ゴミ）にあふれた部屋になっていましたが、時々今でも物の紛失や大混乱の部屋になることはあるものの、世話人や生活支援員が定期的に声かけやお部屋のチェックをすることでお片づけできるようになりました。

＊支援のポイント

- てっちゃんの気持ちに寄り添い、本人・お母さん・アイリブの役割を整理したこと
- てっちゃん：分別する・お母さんに渡す
- お母さん：分別したものを自宅に持ち帰る、整理する
- アイリブ：定期的に分別の確認、褒める

ポジティブフィードバック

入居者のチャレンジやスタッフの人材育成やフォローをしているときに、〝いいとこ探し〟はもちろんですが、起こった事象に対して必ず「○○がよかったですね」とポジティブな声かけを行っています。「○○してだめでしたね」と言われるとネガティブになります。よほどの生命の危機や人への迷惑行為、虐待や犯罪につながらない場合以外は、「ダメ」という否定的な言葉は使わないようにしています。まあでも、他人への迷惑行為や金銭トラブル・自傷行為など絶対にしてほしくない行為をしたときには、大阪人なのでかなりの勢いで怒ります（笑）！　怒ったあとはすぐに笑顔ですが、入居者はきっとみんな日高の怖さを知っていますね。

また、ポジティブな声かけのために言葉のチョイスは、ネガティブフレーズをポジティブフレーズにリフレーミングするようにしています。例えば、不安で不安でつらい👎→自分の気持ちが理解できているね！👍、とか、本当の名前がわかりました！👎→素敵な名前ですね！👍、とか、服がほしいけどお金がない👎→働き甲斐があるね👍

など。さらにチャレンジがある場合でも、「〇〇がよかったですね。次はさらに〇〇してみましょう」と、ポジティブな声かけの後に提案を行うようにしています。

チャレンジがある場合、ポジティブな声かけだけでは何をすればよいのか迷ってしまいます。だからこそ次どうしたらよいのかという改善点や提案を必ず行うようにしています。その提案を聞くか聞かないかの選択は本人に任せています。大事なのは、ポジティブに次のアクションをとっていくことだと思っています。

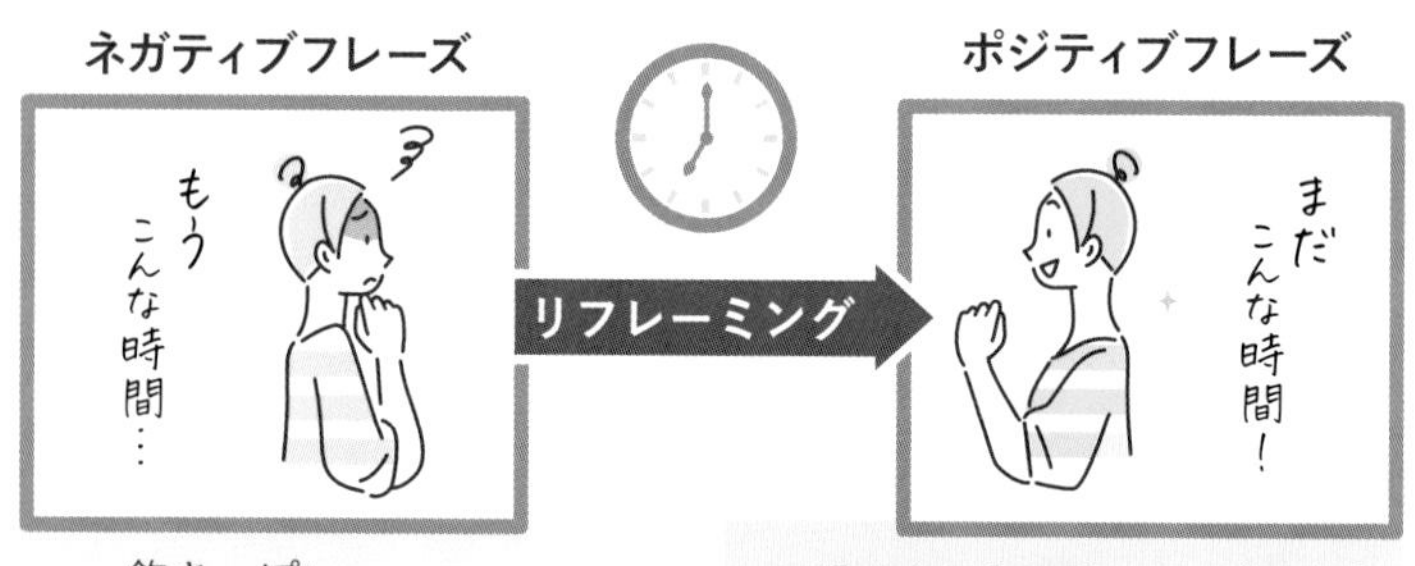

図）リフレーミング（例）

note「リフレーミングでアプローチを変える。」Kzttairaをもとに作成
https://note.com/kzt098/n/n3940bc180acf（2018.9.8）

アイリブ Episode

「本当の名前がわかりました‼」

毎日名前が変わるともこさん、ある日は中森明菜、ある日は戸田菜穂、ある日は田中さん、ある日は…。ホームの玄関にある外出ボードの名前も呼び名の下にともこさんにとっての本名を毎日書いています。ともこさんは、名前がわかると笑顔で本当にうれしそうに事務所に来て、「やっとわかったんです！」と話してくれます。そんなともこさんにアイリブスタッフは決して否定はせずに、「素敵な名前ですね」「いい名前！」「わかってよかったね」「なんて呼んだらいいですか？」と、笑顔でお話ししています。

今日も小走りに笑顔で名前を教えに来てくれます♪

ポジティブフィードバックは意識して行っていましたが、改めて精神障がい者地域移行支援を一緒にした病院スタッフからは、「アイリブさんは、○○がダメでした。って言わずに○○できなかったけども○○してみました。次は、こうしてみます。という報告をしてくれるので自分たちも患者さんの課題がわかりやすくて、次こういうことをしてみようとつながります」と話をしていただき実感しました。

人が社会で生きていく上で困りごとやハプニングはつきもので、できないことはたくさんあります。むしろ生きていて何もない安定して平穏な日々ばかりではありません。アイリブも毎日がハプニング！です。入居者が体調を崩すことも、仕事をさぼることも、物を壊すことも、入居者同士で喧嘩になり言い合いになることもあります。

スタッフが体調が悪いことも、支援に疲れてしまうことも、お掃除が十分にできないことも、ご飯のおかずがうまくつくれないこともあります。しかし、起こった事象にネガティブな言葉を発していてはお互いに前向きではないので、〝お互い様〟の気

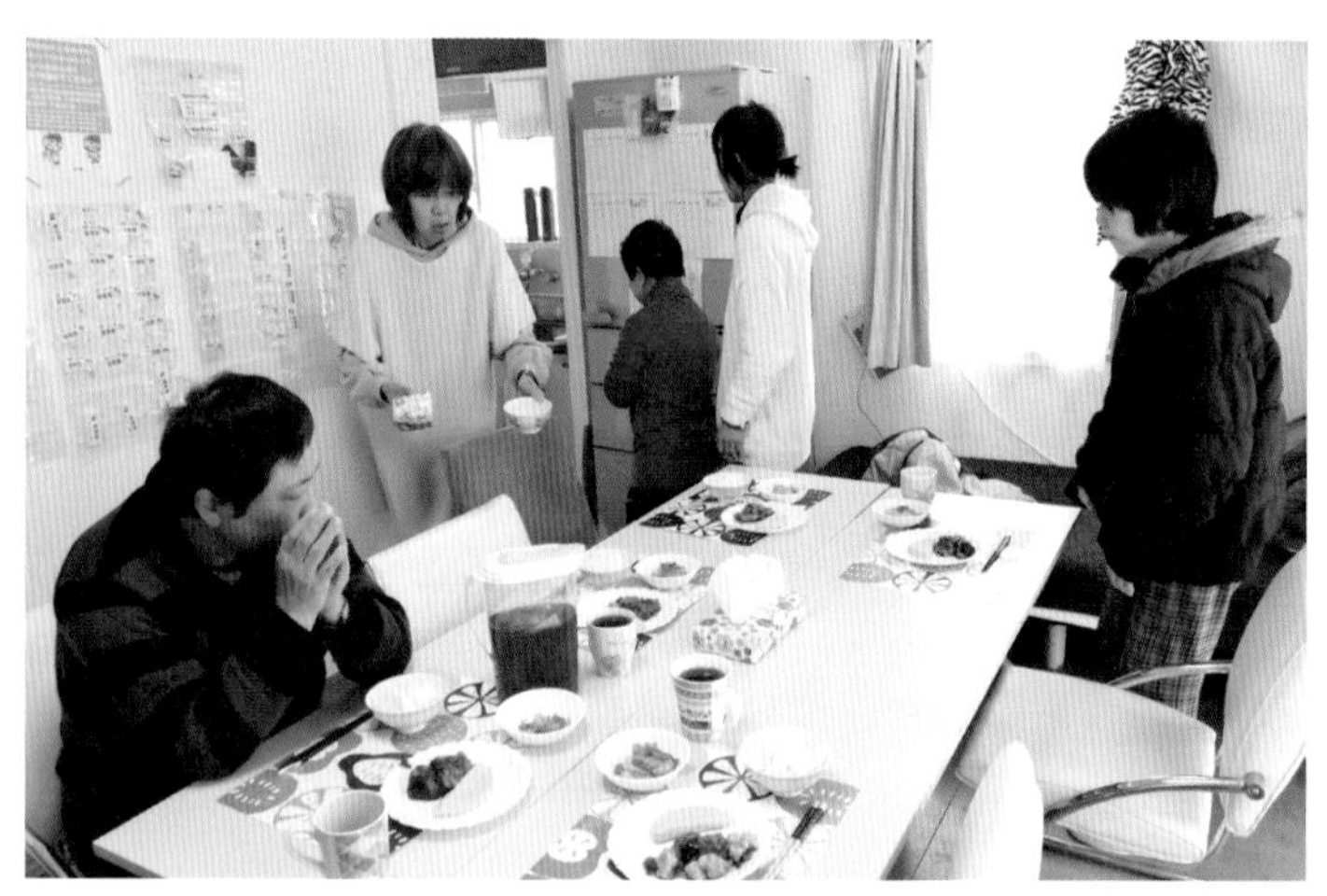

持ちを持ち、いつもポジティブフィードバックをしながら、次どうするかを考えてチャレンジに向き合っていきます。そのような雰囲気や空気感があることで、入居者もスタッフも前向きに生活できるのではないかと思っています。

そんなポジティブな輪はアイリブに少しずつ広がっています。むしろ入居者たちが「アイリブでみんなと生きていくよ！」「あと50年生きれるかな？（100歳超え?!）」「もっとお金稼ぎたい！」「一般就労いついけるの？」「早く一人暮らししたい！」と、一番ポジティブに生きているような気がします（笑）。

アイリブ流?!　対話のある暮らし

アイリブを開業する前に「対話＝オープンダイアローグ」に出会いました。オープンダイアローグは、フィンランド西ラップランド地方にある精神病院、ケロプダス病院を中心に1980年代から実践されてきた精神疾患に対する治療・ケア技法のことです。クライエントの依頼を受けた医療チームは24時間以内に訪問し、対話というミーティングを行いながら症状緩和を目指す療法です。医療チームや家族など参加者は全員が発言し、すべて本人の前で話し合いが行われ、症状が改善するまで毎日続けられます。

この「対話」というケア技法を知って、体験したときに、「なんてシンプルであたり前のことで人がよくなるんだ！　素晴らしい」と思ったのと同時にものすごく納得がいきました。私自身、ＯＴとして地域で家をまわって訪問リハビリをしていた時には、高齢者が多く、老年性うつや認知症・お亡くなりになる前の終末期の方は特に「話すこと＝対話」を求めていました。極端なケースでいうと、老年性うつの方に、週２回訪問してＯＴするたびに、ただただお話を中心に行っただけで、１年程度で寝たきりで点滴をしていた方が、歩けるようになり、タクシーを使って友人と外食できるようになった方がいました。

病気や障がいを抱えている方は、「迷惑をかけたくない」という思いがあるからこそ、本音で話すことも、ただのたわいのない話すらできなくなっていることも多いのではないでしょうか。「心が動けば体も動く」と言われるように話すことでまず心が動くこともあります。

この「対話」と出会ったときに、人は話をすることが大事だと再認識し、アイリブ＝グループホームをつくるときには対話ができる体制をつくろう…と頭の片隅に思っていました。「会話」ではなく「対話」に惹かれたのも「共感して話す会話」ではなく、「さまざまな違う意見を認め合う対話」だからこそ、個性豊かな人たちがグループホームでともに暮らし、自分の意見を話し、お互いに認め合うことが大切だと感じ、対話できる体制づくりをイメージしました。アイリブ流「グループホームの対話のある暮らし」を妄想し、開業からスモールステップで実践してきたので紹介します。

1 自分の話をする

アイリブ開業後、河合はじめ管理スタッフと決めたのは、「アイリブのリビングにテレビは置かない」ということです。世話人からは、「何を話せばよいのかわからない、みんな下を向いて黙っているし、テレビでもあれば天気の話ができるじゃない」と、当初は何度も何度も言われました。そのたびに、「なんでもいいから話をしてください。

テレビを見ていたらテレビの話題しか話さないし、あれが見たい、これが見たいという話になります。なんでもいいのです。その日の気持ちやその日にあった出来事を聞いて話をしてください」とお伝えしていました。

リビングがみんなの話をする場所になったという変化を感じたのは、開業から2年を過ぎた頃です。それぞれのホームに行ってリビングで世話人と話をしていると、メンバーが部屋からでてくるでてくる。そして順番に「今日は仕事頑張ったよ」「今日の晩御飯は○○だね」「今度、○○行くんだよ」「母ちゃんに電話したよ」などたわいもない

入居したてでまだギクシャクしていた頃のメンバー

話をしてくれるのです。時には、「ちょっといいですか？」と、まじめな相談も。リビングで来客対応をしていると一緒に挨拶や話をしてくれる入居者もでてきました。話を終えるとまた自分の部屋に戻るけど、〝誰かが来たらまずリビングに来て話す〟そんな雰囲気がアイリブにできてきました。最近は、各ホームに行くとつかまってすぐに帰れないなんて悩みもでるくらいです。その頃には世話人からも、「夕ご飯を終えると寝る時間まで一人ずつ順番に話にくるんだよ！　全然仕事が進まないよ（笑）」という声も聞かれるようになりました。〝話をしたいときにはリビングに来る〟そんな雰囲気が自然にアイリブにできてきました。

アイリブ Episode

「今日もまた…」

ホームに行くと必ずリビングに来るまさえさん！　特に何か具体的な相談があるわけじゃないけど、「今日ね、仕事3時までだったよ！」「今度、孫の発表会見に行ってくるよ」と、たわいのない話をするために2階の部屋からリビングに来てくれます。「何か悩みごと？　相談ある？」と、聞くと「大丈夫」と。今日もまたホームの駐車場に車を停めるとまさえさんがリビングに来てくれます♪

2 多くの関係者をつくり、話をする

次に行ったのは、入居者に係る人（関係人口）を増やしていくことです。アイリブ内では、毎日ホームで支援をする世話人を中心に、生活の困りごとや希望に添う支援をする生活支援員が定期的に訪問して話す機会をつくり、生活支援をしています。そしてアイリブでの個別の支援計画を立てるサービス管理責任者は、「いつでも相談してください！」と電話やメール、または世話人に伝えてもらい訪問するなど、なんらかの方法で入居者が相談できるようにしています。

時には事務所に「ちょっと相談があるんだけど…」と直接訪問する入居者もいます。〝いつでも誰かに相談できる、話せる〟ことが安心につながると思っています。すぐに相談できるからこそ、「自分のことは自分で決める」意識が高まり、対話を重ねていくことにつながってきたと思います。

そんなアイリブのグループホームを医療的立場で支えているのが、２０２１年５月に開業したアイリブ訪問看護ステーションです。精神科に特化した看護師がホームに定期的に訪問し、24時間サポートしているので、入居者は体調や病気・薬のことは看

護師に相談しています。かかりつけ医や病院のソーシャルワーカーとの間に入って、入居者が伝えにくいこともフォローしているので、アイリブ入居後に精神面が安定して減薬につながる方も多いです。薬については看護師としっかり話し合い、怠薬・拒薬のないようサポートして、地域生活を支えてくれています。入居者だけでなくグループホームの世話人や管理スタッフにも医療的アドバイスをしてサポートしてくれています。

入居者が、世話人だけ、サービス管理責任者だけ、と人を限定して話をする、というのは思いも考えも偏ってしまいます。固定のスタッフへの依存にもなるので、アイリブでは一人の入居者に対する関係者を多くつくり、スタッフそれぞれの役割を明確にして入居者の生活をサポートする体制をつくっています。

関係人口を増やすためには、外部では、家族、就労先のスタッフの方々や相談支援専門員、成年後見人など、なるべくそれぞれの役割をもちながら一緒に考え、入居者に関わるようにしています。コロナ禍で地域住民との関わりが少なくなってしまい、まだ地域とのつながりは少ないですが、少しずつこれからは地域の方々とのつながりをつくり、入居者を一緒に見守ってもらえたらと思っています。

3 対話ミーティング

多くの関係者ができてくると、次に対話につなげるために始めたのが、ミーティングです。まだまだ課題が多く、入居者ミーティングはすべてのホームで実践はできていませんが、2か月に1回実施するようにしています。

「アイリブの大きなルールはあるけれど、ホームの細かい約束や決まりごとは自分たちで決めよう！」と、始めました。入居者も世話人も気持ちよくホームで生活するために対話しています。

それぞれメモを持ってくる人もいれば、ただただ参加する人などミーティングを見ていても個性がでました。みんな自分の話をしたい！　聞いてほしい！ので、どうしてもモノローグ（独白）になりやすいので、いかにダイアローグ（対話）にする工夫をしながら試行錯誤して実践しています。

当初は強引にファシリテートして話し合いを収めたりもしていましたが、みんなが納得した形で終えること、そしてミーティングが1時間で収まるように、ファシリテーションする生活支援員は、事前にメンバーの困りごとを世話人やメンバーから聴取したり、記載してもらったりしながら、困りごとを抽出し、一緒に整理しながら、その日のミーティングの議題をまとめるなどの事前準備をしています。約束事から日々の支援のことなど、本人を交えて決めることで入居者自身が〝アイリブに住んでいる〟〝アイリブでどういう生活をしたいのか〟を考える機会になっているのではないかと感じています。

お風呂の順番や、洗濯機の使う時間、朝

入居者ミーティング

の挨拶をしようね、薬を飲むときは世話人に声をかけてね…などなど共同生活をいかにストレスなくお互い気持ちよく生活するために話し合うこともあれば、「みんなでお好み焼きパーティしようよ」「朝はたまにはパンが食べたい」などの要望がでることもあります。悩みだけでなく、楽しいことを一緒に考える場にもなり、それぞれのホームの特徴がでてきて面白いミーティングになってきました。

スタッフについても同じようにミーティングが「対話」の場なのだと実感します。特にホームに一人勤務の世話人にとっては、思いや情報を共有する場所が必要です。記録やメール連絡だけでは消化できないことが多く、ミーティングで思いを話してくれます。

それこそ入居者の支援については、さまざまな意見がですぎて交じり合うことがない日もあり、ファシリテーター泣かせですが、いろんな意見があるのがリアルな対話実践だと褒めていきます（笑）。〝世話人それぞれも思いをもち、支援し、自分らしく働く！〟ということが、「なんて素晴らしいことだ」と毎月のミーティングを見て思います。

夜勤の勤務が多い世話人の参加方法や、進め方などまだまだ課題も多いのですが、回を重ねていくと自然に独白が減り、対話の内容もよりよく変化し、また「関わるスタッフ自身がいい方向に成長し、変わっていくのだな」と、この2年半を見ていて思うので、今後どのように変化していくのかが非常に楽しみです。

コロナ禍に入り、外部関係者の訪問は減ってしまいましたが、モニタリングや会議は基本的にアイリブでは、その入居者のいるホームのリビングで行います。

場所を選ばないスタッフミーティング

「自分の家で自分のことを話し合う」ことが大事だと思っています。

4 アイリブの目指すべき対話の形

開業から5年目に入り、①自分の話をする、②多くの関係者をつくり、話をする、③対話ミーティングのステップで対話できる体制づくりを行い、まだまだ現在進行形で実践中です。ホームのリビングが、いつも「アイリブ流対話のある暮らし」の居場所になって、対話や笑いにあふれている。それがアイリブの目指すべきグループホームの対話の形だと思っています。

OTのみなさんへ

OTの仕事は、「生活行為の専門家」というだけに無限の可能性があり、不思議な魅力があります。だからこそなかなか伝えにくく理解されにくい部分もあります。私は、病院のOTも訪問のOTも地域マネジメントするOTも好きで、よくばりなので、今でもたまに「病院で脳卒中の方の治療をしたいなぁ」「訪問しておばあちゃんやおじいちゃんとまったりリハビリしたいな」とふと思うときもあります。

そう、病院がいいとか、地域がいいとかなくどの分野のＯＴも面白いのです。理解されにくい分、迷ったり・悩んだり・何をしたいかわからなくなったりするかもしれません。私もそうでした。

今、もし20代の頃の私のように悩んでいる作業療法士の方がいるなら自信をもってお伝えします。

「Occupational Therapy＝作業療法は素晴らしい、まずはあなたがワクワク楽しんで目の前の方の希望をかなえてあげてください。そうすれば、きっと作業療法の面白さに気づけると思います」

アイリブは、ＯＴマネジメントしたＯＴマインドを感じる場所になっています。ぜひ、遊びに来てください。

「やんちゃ少年のアイリブ自律支援」

アイリブがはじめて児童養護施設からの入居者を受け入れたのは18歳のやんちゃな少年ゆうたくんでした。母子家庭で育ったゆうたくん、幼少期に母子寮での放火騒動があり、お母さん、お兄ちゃんと離れて児童相談所の見守りのもと、児童養護施設で育ちました。

特別支援学校の卒業を機に職場が近いという理由でアイリブに入居したゆうたくん、軽度の知的障がいと診断はされていますが、いたって普通の少年。18歳ならではの反抗期が出たのは、アイリブ入居後3か月が経った頃でした。

慣れてきたころから、世話人さんに「うっせーな！　ほっとけよ」「これ嫌いだから食べない！」と絶賛反抗期、仕事から帰宅したら真っ暗な部屋で静かに布団をかぶって、ご飯もお風呂も出てこない。「こりゃダメだ」と、反抗期を見守る世話人さんや怒ってくれる世話人さん、どうしてよいのかわからない世話人さん、みんなが関わり方を悩みました。

時々、夜にホームを飛び出してしまうこともあり、そのたびにスタッフみんなで心配しました。仕事はいたって真面目に行くゆうたくんに、帰りたくない日や寄り道したい日には、〝ちゃんと連絡すること！〟。ただ、それだけを約束しました。

ゆうたくんは、ただの気分屋の反抗期なので機嫌よい日は、将来アイリブを出て一人暮らしするために料理・洗濯・掃除となんでもお手伝いしてくれました。若い世話人さんは一緒に料理をしたり、ゆうたくんにお願いしたりとめきめきと腕をあげていきました。アイリブ4号棟アクアータ開業前には、一緒にカーテンレールをつけたり、草刈りをしたり、家具を組み立てたり、運んだりと手伝ってくれました。

そんないい部分もあるゆうたくんですが、共同生活のストレスがピークとなり、入居1年経った頃には、一緒に住むメンバーに文句を言ったり、メンバーの言った一言にぶちぎれて暴れたり、世話人の支援拒否があったり、反抗期は絶頂を迎え、ついにアイリブも自律支援をすることに決めたのです。

しかしゆうたくんは19歳になったばかり、関係者からは「大丈夫ですか？」と反対する声が…。ゆうたくんは十分一人暮らしできる能力がある、仕事も真面目で収入も安定している、ストレスピークのゆうたくんにアイリブの共同生活はよい影響はなく、アイリブ卒業後もみんなでゆうたくんを見守っていきたいことを伝え、協力してもらえることになりました。

そんなゆうたくん、自律支援はアイリブ5号棟アリスタ開業後すぐ、タイムリミットは入居者受け入れをする3か月間、一人暮らしの練習を行い、アパートを探すという条件で実施することになったのです。

条件には、ゆうたくんが苦手とする世話人への挨拶や感謝の言葉、自分からご飯を取りにいくこと、体調を報告することなどを箇条書きにしてルール化し、毎日世話人にチェックしてもらいました。

さて引っ越し初日、一軒家のアリスタに一人暮らしすることになったゆうたくん！児童養護施設という賑やかなところで育ったので、生まれてはじめて一人になり、「怖い。

だめ、一人にしないで…」と泣きそうでした。心を鬼にして置いて帰り、電気が全部屋ついていても怒ることなく見守りました。「ドックに帰りたい」あんなに嫌がっていた共同生活のホームに帰りたいとも言い出しましたが、「もう帰れないよ」と背中を押しました。

　ゆうたくんのお母さんは、児童養護施設に入れたあとも時々は会いに行ったり、外泊を受け入れていたようです。アイリブにゆうたくんが入居するときにもお母さんは見守ってくれ、病気があり、足が悪いけど町のデマンド交通を使って時々会いに来たり、買い物に行ってくれていました。そして、なんとか慣れて3か月がたつ頃、一人暮らしに向けてお母さんとアパートを探し出したのです。

　アパート探しには、お兄さんもきてくれました。アパート契約日、久しぶりに家族3人での外食を楽しみましたが、その日、お母さんは何も食べられなくて車の中で寝込んでしまいました。そのまま病院へ…まさかの末期癌が見つかったのです。

　お母さんの病気が見つかって、やっと一緒の時間を過ごすことができた家族はショックを受けました。そして、お兄さんからゆうたくんの一人暮らしを延期できないかとの相談があったのです。悩みましたが、アイリブはお母さんが生きている間に一人暮らしをして、自律したゆうたくんを見てもらうことを選びました。

　ゆうたくん、お兄さんと話し合いを重ね、予定通りにアパートへの一人暮らしをすることをすすめたのです。そのとき、お母さんから聞いたことをゆうたくんに話しました。幼少期の放火騒動はゆうたくんがしたことではなかったこと、周りの雰囲気に押しつぶされて、お母さんはゆうたくんを守れなかったことを後悔していたこと。

そして、お兄さんからは、ゆうたくんが決して不幸で施設に入ったわけではなく、あのとき家族が生きていくためには仕方のない選択だったこと、ゆうたくんは不幸ではなく家族に大事に思われていることを伝えてくれました。ゆうたくんは、一人暮らしする姿をお母さんに見せたい、最後にご飯食べたり、旅行に行きたいと話してくれました。

ゆうたくんが、一人暮らしを始めて3か月後…お母さんは病院でゆうたくんやお兄さんに見守られながら息を引き取りました。最後の3か月、家族の時間を過ごしたのです。数日後…お母さんのお葬式は兄弟によって盛大に開かれました。本当に立派でした。そこには、大きく大きく成長したゆうたくんがいました。

あれからもう1年がたちます。ゆうたくんは、毎日仕事を頑張っています。そして、仕事帰りにピンポーン！と時々アイリブに遊びにきます。あんなに一緒に住むことを嫌がったメンバーのことも時々見に行ったり「どう?」と心配しています。

アイリブ自律支援で成長したかつてのやんちゃ少年は、20歳になり、すっかり大人になりました!!

Part 6

私が私として、私らしく生きる、暮らす

日高　愛

あたり前に暮らす地域づくり

私の育った大阪府堺市の地域の公立小学校には、障がい者があたり前にいました。ダウン症・知的障がい・四肢欠損・脳性麻痺・発達障がいのお友達があたり前に身近にいました。なかよし学級で学ぶ彼、彼女たちですが、バリアフリーじゃない校舎の移動を工夫したり、ずり這いで移動するのを応援したり、途中から階段にリフトがついたり、彼らの成長に合わせて学校がどんどんバリアフリーになっていきました。

なかよし学級にはトランポリンやボールなどたくさん遊具があって、そこで遊ぶのを楽しみに私たちは交流していました。また、1年生から6年生の縦割り班で活動することが多く、上級生が下級生の面倒をみるのもあたり前。私は6年生の時にダウン症の1年生の女の子の面倒をみることになりました。

木曜日の縦割り班の日、はやめに学校についたら、校門でダウン症の彼女が3年生のお兄ちゃんと登校するのを待って、校門でバトンタッチ。彼女の手をつなぎ、1年生の教室に行ってランドセルを棚に置くお手伝い、言葉がでない彼女が股をトントンたたくとトイレ？と思ってトイレに連れて行く。そして、朝の全体朝礼に間に合うように運動場に行くのがあたり前。お昼の掃除の時間になれば、1年生の教室に迎えに行き、彼女ができる掃除を一緒にするのもあたり前。

他のクラスじゃ車椅子の子がいたら、どうやったら一緒に遠足に行けるのか考え、「みんなで交代で車椅子を押せばいいじゃない！　一緒に行こうよ！」と、みんなと遠足に行くのもあたり前。特に私たちは先生から障がい者のために何をすればよいのか教えてもらうこともなく、あたり前に障がい者とともに育ちました。校長先生は、「人にされて嫌なことはしない、人にされてうれしいことはたくさんしなさい」とあたり前のことだけいつもいつも教えてくれました。しかし、中学・高校となると障がい者があたり前にいなくなりました。私にはどんどん疑問があふれて、あたり前に育った環境は、大人になると世間のあたり前ではないことを知りました。

障がいのある方が「あたり前に地域で暮らす」ということが、どんなに難しいことなのだろうか…子どもの頃、小学校で見て体験してきた社会が、なぜ大人になったらできないわけではなく、つくろうとしていないだけではないだろうか。周りに障がい者がいないことがあたり前なら、はじめからあたり前に地域に障がい者がいたら、それがあたり前になる。そう、簡単です。障がい者があたり前に地域で暮らせばよいのです。アイリブは、町の住宅街にグループホームをつくり、住む。あたり前に暮らす地域づくりをただしているだけなのです。

アイリブのチャレンジ

訪問看護ステーションへのこだわり

2021年5月1日　アイリブが訪問看護ステーションをつくった時、アイリブに医療?と思った方もいるかと思います。私自身、訪問看護ステーションで約10年働いた経験があるからこそ、地域包括ケアシステムの中で医療と福祉をつなぐ訪問看護ステーションの役割は非常に大きいと感じています。特に病気や障がいを抱えた方にとって、医療は重要な役割を担っているので、医療機関と連携し相談できることが、安心して地域生活を送る大きなポイントになります。

看護師や作業療法士が定期的に訪問し、日々の健康チェック、服薬管理、メンタルケアなどをすることにより、安心して地域で暮らし、先生にうまく話せない、伝えきれないときには、代わりにお話しして状態の早期発見につなげています。訪問看護のサポートにより、医療機関である病院や先生との相談・連携がスムーズに行えます。

実際に、病院と連携し、なかなか排便が安定しない入居者の日々の排便状況に応じて下剤の調整を看護師が行ったり、退院直後の入居者の状態に合わせた服薬調整を病院のソーシャルワーカーを通じ

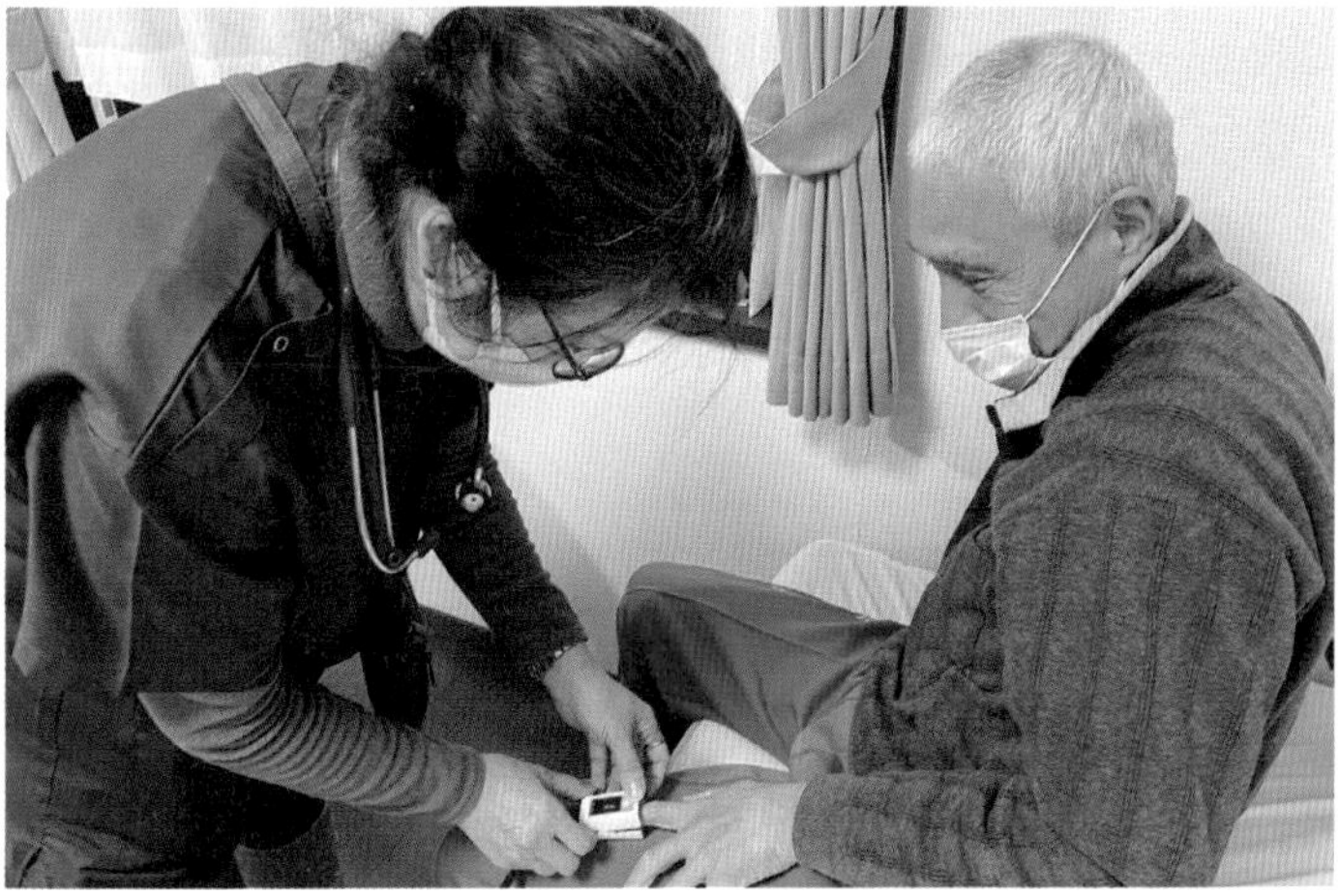

て医師と行ったり、処方された不穏時や不眠時の頓服を世話人が服用に迷った時にはサービス管理責任者を通じて看護師に相談しています。

訪問の日でなくても、体調が悪いと休んだり、就労から早く帰宅した場合も訪問して体調チェックを行い、早期に対応しています。おかげでアイリブメンバーは、寝込むことなく元気に過ごしています。

アイリブ訪問看護ステーションでは、現在、アイリブを含めて栃

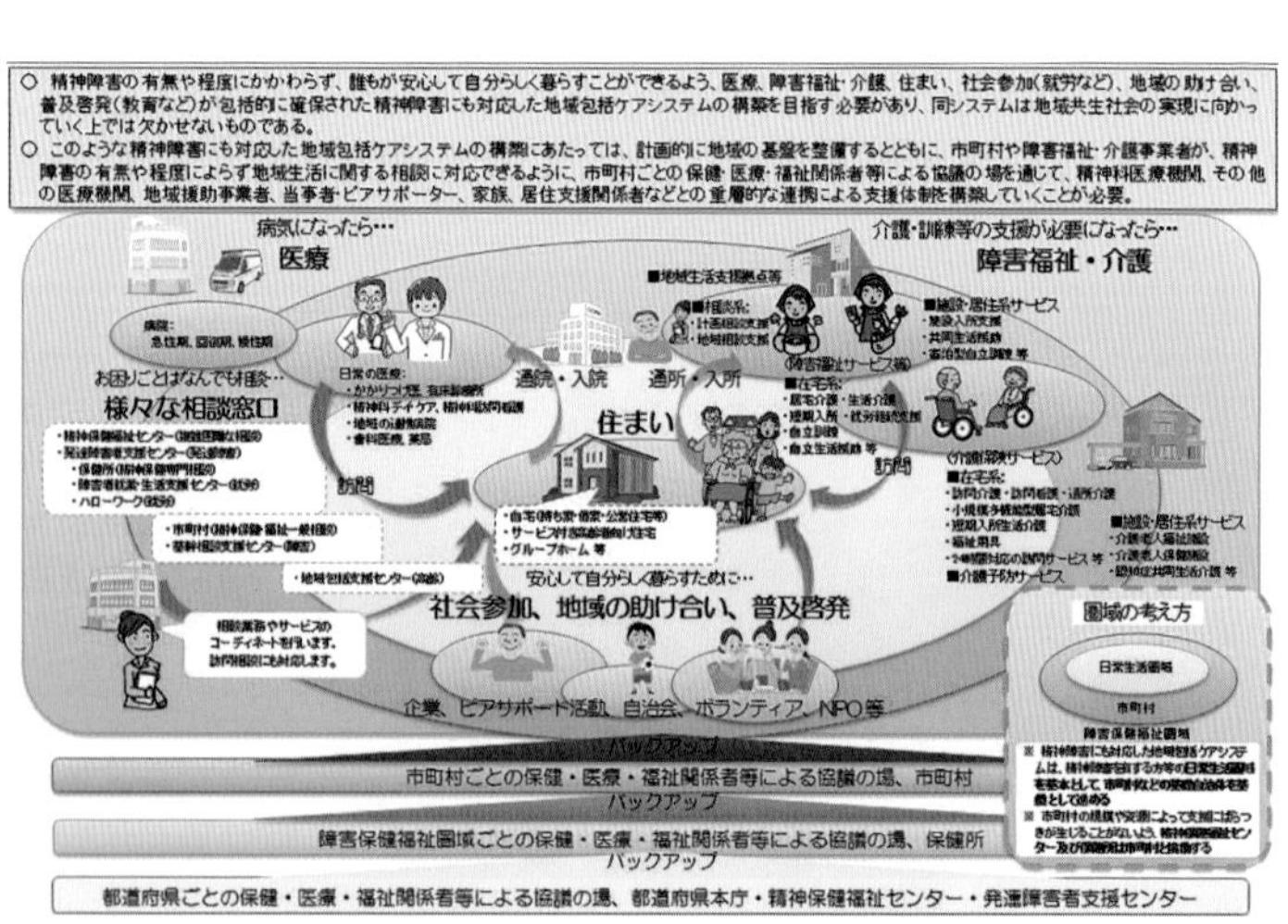

図）精神障害にも対応した地域包括ケアシステムの構築

出典：厚生労働省「精神障害にも対応した地域包括ケアシステムの構築について」HPより転載
https://www.mhlw.go.jp/stf/seisakunitsuite/bunya/chiikihoukatsu.html

木県内4か所のグループホームの入居者をサポートしています。アイリブの強みである、グループホーム運営を軸に、他のグループホームのスタッフや相談支援専門員、日中サービスの生活介護スタッフの相談に乗って連携を図り、障がいのある方が安心して地域のグループホームで暮らせるようサポートしています。

特に精神障がい者の地域移行支援では、長期入院から地域にでた精神障がい者の不安は大きく、服薬を含めた体調管理やメンタルケアが必要です。また重度の知的障がい者の方もご家族と離れて暮らすなどさまざまな事情を抱えた方が多いです。4か所、それぞれのグループホームに特徴や地域性があり、「地域のグループホームで暮らす」をサポートする看護の難しさと楽しさ、面白さを日々感じています。

訪問看護を開業して約2年、これから一人でも多くの地域で暮らす知的・精神障がい者の医療と福祉をつなぎ、自分で暮らすをサポートしていきたいと思っています。

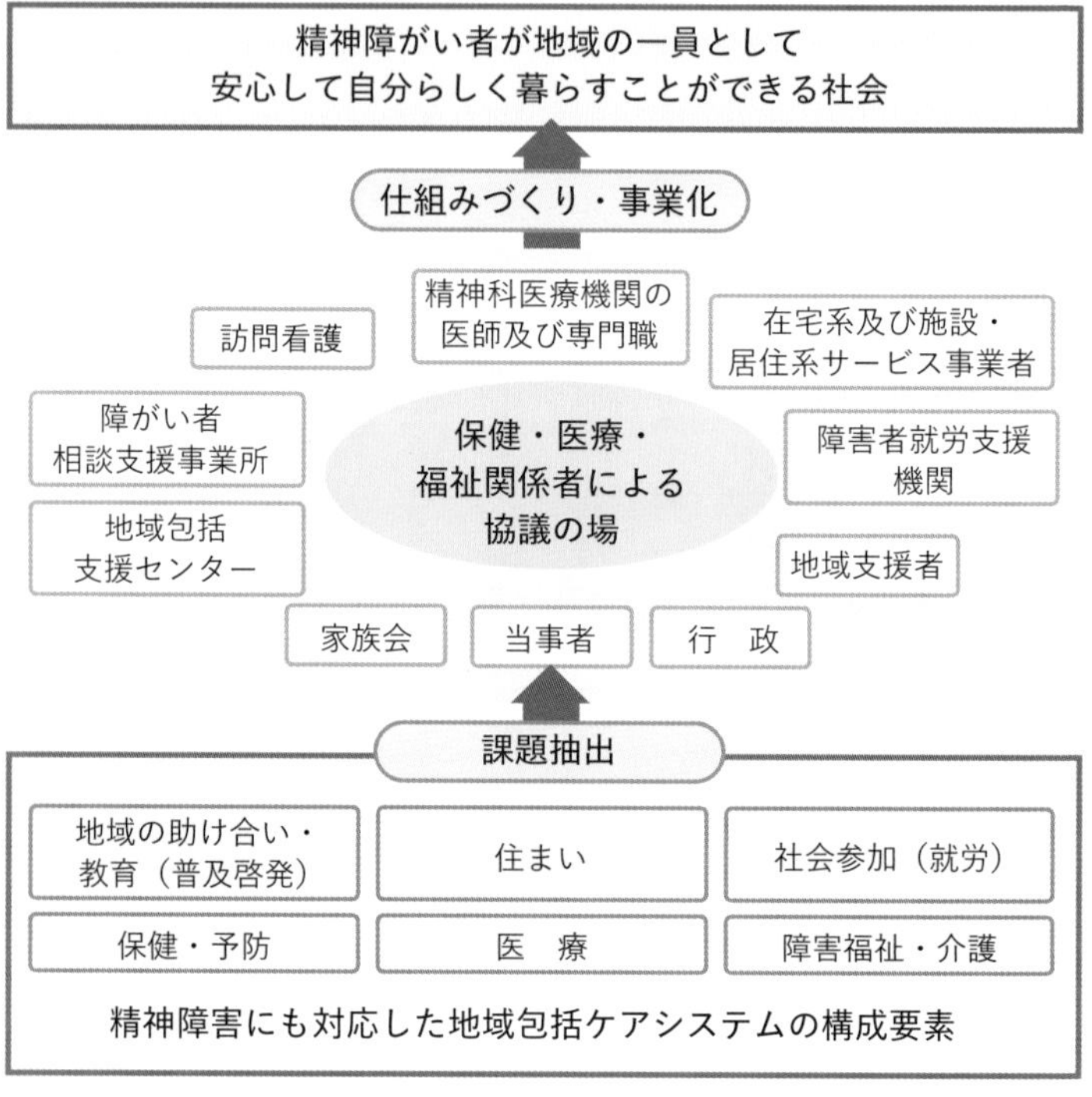

図）精神障がい者を包括的に地域で支える仕組みづくりのイメージ
出典：浜松市HP「精神障害に対応した地域包括ケアシステム構築推進事業」をもとに作成
https://www.city.hamamatsu.shizuoka.jp/zaisek/budget/budget02/detail/d_038.html

アイリブ重度障がい者支援へのこだわり

２０２２年3月より、アイリブとちぎの5号棟アリスタでは、障がい支援区分６の自閉症、重度の知的障がい者、強度行動障がいのめいさんの受け入れをスタートしました。これはアイリブにとって大きなチャレンジです！

私の姪っこのひまりちゃんは、自閉症・重度の知的障がいの女の子です。彼女が産まれたとき、両親は女の子の誕生に喜び、ピンクやフリフリの服をたくさん買いに行きました。身体は大きくて丈夫、元気いっぱいでした。１歳の頃より、指差しができない、目が合わないなどのいわゆる発達の遅れがみられて心配するようになり、３歳で自閉症と確定診断を受けました。

離れて暮らしていても家族で何かできることはないかと母は本を読んだり、調べたり、私はＯＴだけど、小児・発達分野の経験がなかったので先輩ＯＴや恩師にアドバイスを求めました。都会ですら診断する病院はあっても、両親の精神的サポートや具体的な関わりや今できることを伝えるサービスがないんだな…そんなことを感じました。

ひまりちゃんはすくすく成長し、納豆ごはんやバームクーヘン、ママの野菜スープが大好物で、公園に行って遊具や走りまわって遊ぶことが大好きでした。はじめての場所は苦手、音に敏感で人が多くざわざわした場所では耳を押さえて落ち着かなくなってしまいます。家では大好きなアンパンマンのＹｏｕＴｕｂｅを見たり、お部屋を暗くして一人ゆっくり過ごしたり、キラキラしたおもちゃで遊んだりして過ごしていました。お風呂は特に大好きで一人のリラックスタイム、遊びながら入っていました。

幼少期は保育園に通い、特別支援学校に行ってからは自宅近くの障がい者施設の放課後等デイサービスや週末は短期入所を利用するようになりました。小学校の中学年になると身体も大きくなり、特別支援学校では落ち着いているのに、放課後等デイサービスでは落ち着かず他の子どもをたたいてしまう他害や、頭突きでガラスや壁を割ってしまう破壊行為もみられるようになりました。

大好きな公園遊びも小さな赤ちゃんや子どもがいると走り回れなくなり、気がつくと元気いっぱいのひまりちゃんの遊び場は地域になくなっていました。私の家に遊びに来た時も、公園や遊具の多い遊び場に一緒に行ってましたが、徐々に行けなくなり、誰もいない公園の時間を見つけては遊びにいくようになりました。

大きくなっても公園で遊びたいのに遊べない、放課後等デイサービスのスペースは明らかに狭く一人でゆっくりできる場所もない。子どもの多い放課後等デイサービスでは音に敏感なひまりちゃんのストレス度が高くなり、他害や頭突きを起こして物を壊してしまう、そして怒られ、親も謝る。でも他を選べるほどサービスはない。明らかな原因はわかっていても解決できない苦しみ、他害や物を壊したら謝らなければならない親の苦しみ、相談できる場所も人もサービスもない苦しみ、時代はコロナ禍に入り事業所にコロナ陽性者がでたらサービスも使えず、親だけの負担が増える苦しみ。強度行動障がいは親の関わりのせい…などという風潮。重度の障がい児を抱える親も子も疲弊する社会への疑問は増え、障がい児支援や障がい児が大人になったときの支援を学ぶようになりました。大阪府教育委員会の小・中・高の特別支援学校のOT相談（年3回）を引き受けたのも少しでも経験し、何か役に立ちたいという思いがあったからです。

そんな思いと葛藤を抱きはじめたときに、たまたま始めたアイリブ。グループホームなんてまったく興味も関心もなかったけれど、将来、施設入所ではない選択肢をつくれるかも…そんな思いも少しあり、「ひまりちゃんが住む町の障がいサービスのネットワークづくりをすること」「特別支援学校を卒業する18歳になるときの選択肢の一つをつくろう」と、タイムリミットは10年、自分の目標にしながらアイリブをつくっていきました。

アイリブをスタートした当初、軽度の障がい者でも毎日てんやわんや。無資格の世話人が多いアイリブですから、「重度障がい者支援はほど遠いな」と正直思ったくらいです。しかし、3年が経過した頃、アイリブは私が思う以上に素晴らしく急成長し、気がつけば素晴らしいスタッフが集まっていました。

訪問看護ステーションも開業し、今ならチャレンジできる！　無資格の世話人でも重度障がい者をみれる体制づくりが大事だ！　ふとそう思えたから、アイリブ重度障がい者支援をスタートしました。

重度障がい者支援をすると決めてすぐに、病院から相談が来ました。「自閉症、重度の知的障がい、強度行動障がい」めいさんの強度行動障がいは、破壊行為でした。病院では、抑制していないと、ドアをかじり、壁紙を剥がし、布団も破り、靴までかじって破いてしまう。しかも、コロナ禍。面会はできず、病院やお母さんからの話を聞いただけでの体験1週間がスタートしました。

体験入居

初日、半年ぶりに病院をでためいさん、お母さんとも半年ぶりの再会でした。アイリブのアリスタ棟に入ると、どこに来たのだろうときょろきょろしながら静かでした。めいさんの部屋には、お母さんが持ってきた布団と衣類、そしてかじってしまうかも…と思いながら5段の木のタンスを設置し

「壁をかじってはだめ」の工夫

ました。

食事は静かに食べ、トイレも行く、お風呂も髪や体を洗うことも嫌がることなく過ごしました。はじめは外に出てもすぐに帰りましたが、慣れると近所の公園のブランコで楽しそうに遊ぶめいさんの姿がありました。

そして、お部屋で寝て数時間後、夜中3時に動き出しました。なんと部屋に置いていた木のタンスをかじりはじめたのです。かじるかも?とは思って置いていましたが、本当にかじりはじめました。夜勤に入っていた世話人はびっくりして止めますが、全然止まりません！　止めることもできず、1時間、2時間、3時間…。結局4時間朝まで口が血だらけになってもタンスをかじりつくしたのです。関わるスタッフすべてが、「ここまでか…」と唖然としました。

タンスかじりは、タンスを撤去するまで続き、次は布団破り、数日後の早朝には掛け布団の綿が舞い散るほど噛みちぎって破ってしまいました。またまた唖然としたアイリブスタッフでしたが、唖然としている暇はありません。体験1週間の間に、めいさん支援をするため、スタッフ全員で知恵を出し合いました。

めいさんのストレングスは、日常生活動作：食事・トイレ・入浴・着替えは問題なく行え、拒否もないこと。そして、破壊行為はするけれど、人をたたくなどの他害や自分を傷つける自傷行為はありませんでした。また、言葉を発することができないめいさんと対話をしていると、「今は、椅子に座る時間ですよ」とやや強引に椅子座って作業を促すとその時間椅子に座って過ごすことができたのです。これは、めいさんが対話ができること・学習できることを示していました。

めいさんが好む作業を見出し、かじる・破るといった破壊行為を違う活動に転換して地域社会で生活を送ること。これが最大の課題だとわかったのです。

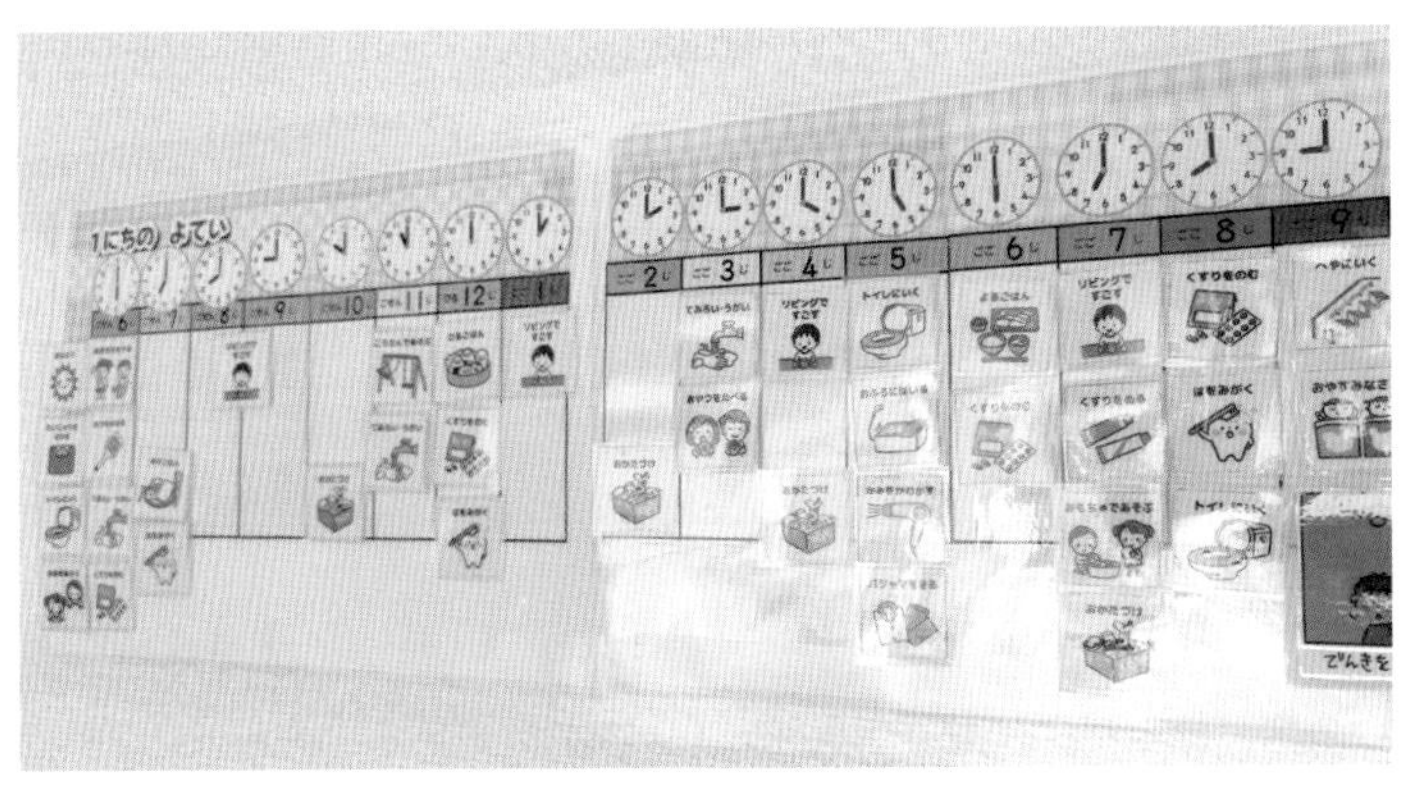

めいさんの受け入れスタート創意工夫

退院

退院に向けてサービス担当者会議が開かれました。アイリブは、フレームワークに基づき、体験1週間で見えためいさんのできること・課題を整理しお伝えしました。

お母さんは、破壊行為が改善していないことがショックで、入院での治療の継続を求めました。

病院側は抑制という自由に動くことができない環境下での服薬治療でめいさんの障がい特性である破壊行為は治らないことを説明し、アイリブ・生活介護と病院が連携して服薬調整をしながら、めいさんの破壊行為の制止と新たな学習をしていくことになりました。

このようにめいさんの課題である破壊行為に注目するのではなく、できることに支援のポイントを整理し、

フレームワーク：支援のポイント

生活リズムの安定	睡眠・食事・入浴・着替え・排泄
服薬調整	睡眠リズムの安定・興奮状態の抑制
破壊スイッチの把握	シール・プラスチック・少し壊れたり、剥がれたもの
好む作業探し	ストロー・ボトル振り
できる作業探し	洗濯干し・畳む・片づけ・雑巾がけ
破壊行為の転換	段ボールちぎり

今後の支援のポイントや関わり方を話し合いながら進めていきました。

半年後

めいさんは毎日生活介護に通い、元気に過ごしています。服薬調整や環境調整を行うことで、夜間は比較的穏やかに21時〜6時まで寝ています。目を見て「ちょうだい！」「トイレ」と言葉で伝えるようになりました。声かけに「はい」と答え、嫌な時は首を横に振っています。大きな声を出したときに顔を見ると、人差し指を口に当てて「シーッ！」と言いながらコミュニケーションをとるようになりました。

破壊行為は…というと、現在もあります。何年も行っていた破壊行為をいきなり改善やゼロにするのは難しく時間がかかります。柱をかじったり、壁紙を破ったり、カーテンを破いたり…最近は寒くなったのに掛け布団も破いてしまいました。しかし、悪いこととは理解しているようで世話人がいるときにはしなくなりました。声かけをするとやめるようになりました。世話人さんが、キッチンに行った隙に、他の入居者と話している隙に、とめいさんも知恵を使って進歩しています。

そして、入居当初は医療や福祉経験のある世話人しか関わっていませんでしたが、現在は無資格の福祉経験のない普通の大学生やダブルワークの会社員の世話人までめいさんを支援しています。また新しい世話人が入るたびに試しているめいさんの姿があり、アイリブスタッフも成長しながら、日々の重度障がい者支援にチャレンジしています。

環境という視点

めいさんの支援や世話人が仕事を行いやすくするために、アイリブとちぎアリスタ棟は、環境設定という面でもさまざ

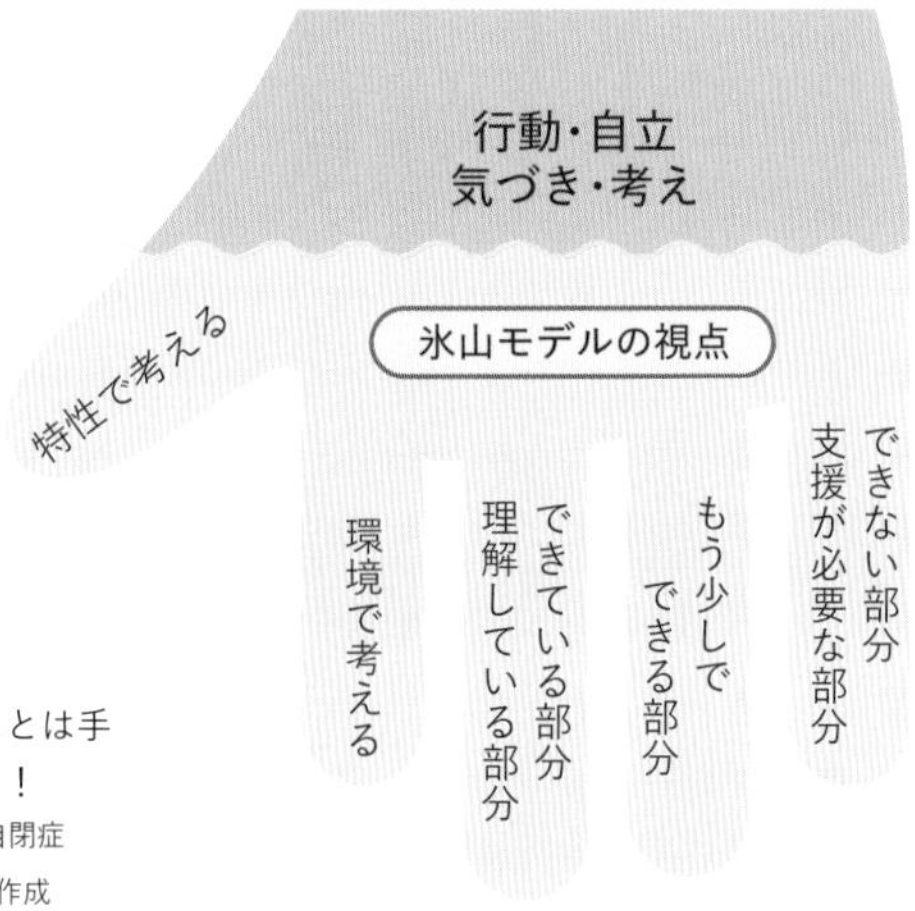

図）自閉症支援で大事なことは手をひらいて思い出そう！
出典：©Atushi Mizuno　検索“自閉症フレームワーク”をもとに作成

まな工夫を行いました。アイリブは、あくまで普通の一軒家ですから、施設になりすぎない工夫を意識しました。

1. リビングに壁を設置し、世話人の仕事・休憩スペースをつくり、めいさんを見守りながら仕事ができるようにした
2. 備品管理：めいさんが触って破壊してしまうものは、スタッフルームに置くようにした
3. テーブル・椅子：テーブルや椅子もかじってしまうため、折り畳みタイプに変更し、用途に合わせて出し入れできるようにした
4. コンセントカバー：コンセントカバーを簡単にとって外してしまうため、すべて釘タイプの固定できるカバーに変更した

細かい工夫はまだまだありますが、環境設定を行うことによって、めいさんも比較的落ち着き、支援する世話人も安定した業務につくことができるようになりました。

コミュニティ・リカバリーモデル

2018年の起業・開業から走り続けて、自分たちのやっていること・やってきたことを振り返ることができたのはここ最近です。特にこのアイリブとちぎの本を書き出して、さらにじっくりこの開業からの4年間を振り返ることができました。

河合・日高のそれぞれのバックボーンの中でたまたま思いが重なり、アイリブが誕生しました。「アイリブ」という私たちが思い描いた理想の完成形には、まだまだ未完成すぎて、お恥ずかしい部分もたくさんあり、毎日自分たちの未熟さも、未熟だからこその今後のアイリブの可能性もたくさん感じています。少し「アイリブ」が私たちの手を離れて独り歩きしていることもたまに感じています（笑）。

しかし、この4年で素敵な入居者たちがアイリブを選んで入居し、素晴らしいアイリブスタッフの皆さんが働いてくれて、この小さなアイリブというコミュニティのキャストたちに毎日起きる出来事にワクワクとハラハラ、幸せを感じる日々です。

そんなアイリブの目指す形や日々の支援を表現するなら「コミュニティ・リカバリーモデル」というべきでしょうか。

「リカバリー」とは、病気からの回復という臨床的リカバリーだと思われるかと思いますが、パーソナル・リカバリーである病気や障がい・悩みを乗り越え、成長する中で、人生の新たな意義や目標を見つけてワクワク・いきいきと生きる過程こそが大切だと感じています。病気や障がいをもつ方だけでなく、私たち皆それぞれに人生のトラウマや挫折を乗り越え、小さいものから大きいものまで悩みを抱えて頑張っている方は多いと思います。人それぞれに人生があり、それぞれがリカバリーしながら、人生の意義や目標を見出して生きています。

そんな夢や希望をもって、いきいきと前を向いてポジティブに生きる人々のコミュニティをつくりたい。地域づくりしますとか大きなものではなく、一人ひとりのあたり前の生活を豊かに幸福感をもてるようにしたい。

障がいのある方もない方も、すべての人々が笑顔で地域に暮らせることをあたり前にするために、自分らしさを大切に、本人の語る言葉を大切に、よいところを探し、

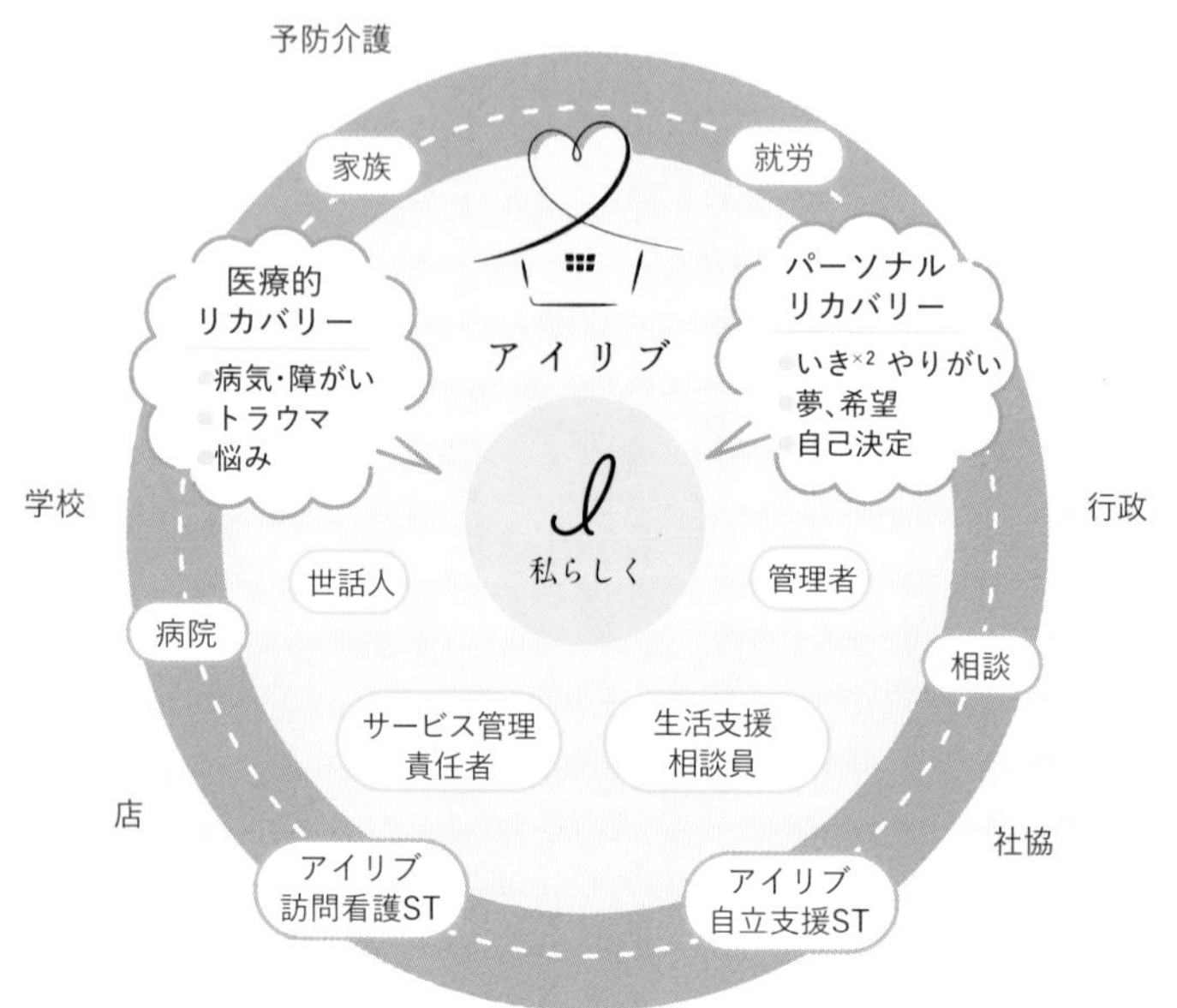

さまざまな悩みや思いをもった「私」をサービス、お店、人でつくるコミュニティでリカバリーし、夢や希望をもっていきいきと暮らす地域づくり。

図）アイリブとちぎが目指すコミュニティ・ーリカバリーモデル

ポジティブで、その人らしい自己決定をサポートしています。夢や希望をもっていきいきと生きるために、自分の病気や障がい、悩みとしっかりと向き合い、自分の心と身体をセルフコントロールし、自分に責任をもって「自律」し、自己決定することはすなわち自分らしく生きること、暮らすことです。

そして、支援者である私たちも、障がいのある方に関わることを自分で決めて、自分自身の社会での役割を見出し、幸せを感じてほしいと思っています。

この地域で、アイリブに関わるキャスト一人ひとりが、「私が私として、私らしく生きる、暮らす」ことが、アイリブとちぎの目指すコミュニティ・リカバリーモデルなのです。

「アイリブとちぎ」

2018年からスタートしたアイリブとちぎ。入居者、アイリブスタッフの世話人・サービス管理責任者・生活支援員・訪問看護師、家族、関係機関やサービスの方々、物件大家さん、たんたん号の運転手、スーパー・コンビニなどお店の店員さん、ご近所さんなどなど、多くのキャストが関わってくださり、ここまで成長できたと思います。本当に感謝の気持でいっぱいです。一方で、新しい場所にステップアップしたり、ライフステージが変わってアイリブを退所した入居者、退職したスタッフなどアイリブを離れた方もたくさんいます。それもまた一人ひとりが自分で決めた人生だと思います。

今日もまた障がいによって困りごとを抱えた彼、彼女たちは、自分らしく生きるために、毎日生きづらさや困りごとに向き合いながらこの町、地域の中であたり前に笑顔で生きて、暮らしています。

アイリブとちぎは、これから出会う多くのキャストとのご縁を、ワクワク楽しみに待っています。

それは今この本を手に取り、読んでくれたあなたかもしれないですね。

アラーナ棟から見渡す朝日

著者プロフィール

河合明子（かわあい あきこ）

合同会社リビングアーティスト代表

1979年生まれ、福岡県北九州市出身。1997年大阪芸術大学芸術計画学科入学。築80年の古民家で共同生活開始。2002年ヒューマンリソシア株式会社入社。2009年劇団四季（四季株式会社）入団、ライオンキングやマンマ・ミーア！、ウィキッドなどの営業企画にたずさわる。2018年合同会社リビングアーティスト設立。2022年宇都宮大学大学院地域創生学研究科社会デザイン科学専攻コミュニティデザイン学プログラム修了。

日高　愛（ひだか あい）

合同会社リビングアーティスト副代表・作業療法士

1981年鹿児島県生まれ、大阪育ち。2004年作業療法士免許取得。総合病院でICU・急性期、外来リハビリ、介護老人保健施設で通所リハビリ、病院・訪問看護ステーションからの訪問リハビリを経験後、2017年フリーランスとなり、作業療法士養成校教員、ヨガインストラクター活動、大阪府教育委員会非常勤職員として特別支援学校のOT相談、講師や障がい者スポーツボランティア、障がい者の身だしなみ講座の開催・研究等を実施。2018年合同会社リビングアーティスト設立。

アイリブとちぎ（運営：合同会社リビングアーティスト）

栃木県塩谷郡高根沢町宝石台2-1-1

E-mail　info.livingartist@gmail.com

facebook　https://www.facebook.com/ilive.tochigi

Instagram　https://instagram.com/ilive.tochigi/

私が私として、
私らしく生きる、暮らす

知的・精神障がい者シェアハウス「アイリブとちぎ」

2023年6月25日　初版発行
2024年9月20日　第2刷発行

著　者●河合明子・日高 愛
発行者●田島英二　taji@creates-k.co.jp
発行所●株式会社 クリエイツかもがわ
〒601-8382 京都市南区吉祥院石原上川原町21
電話 075(661)5741　FAX 075(693)6605
https://www.creates-k.co.jp
デザイン●菅田　亮
印 刷 所●モリモト印刷株式会社
ISBN978-4-86342-354-1 C0036　printed in japan

好評既刊本

定価表示

ごちゃまぜで社会は変えられる　地域づくりとビジネスの話

一般社団法人えんがお　濱野将行／著

作業療法士が全世代が活躍するごちゃまぜのまち――地域サロン、コワーキングスペース、シェアハウス、地域食堂、グループホーム。徒歩2分圏内に6軒の空き家を活用して挑んだ、全世代が活躍する街づくり。

1980円

ヤングでは終わらないヤングケアラー

きょうだいヤングケアラーのライフステージと葛藤

仲田海人・木村諭志／編著

閉じられそうな未来を開く！　ヤングケアラー経験者で作業療法士、看護師になった立場から作業療法や環境調整、メンタルヘルスの視点、看護や精神分析、家族支援の視点を踏まえつつ、ヤングケアラーの現状とこれからについて分析・支援方策を提言。

2200円

当事者主動サービスで学ぶピアサポート

飯野雄治・ピアスタッフネットワーク／訳・編

●ピアサポートを体系的に学べるプログラム
科学的根拠に基づく実践プログラム（EBP）。アメリカ合衆国の厚生労働省・精神障害部局（SAMHSA）が作成したプログラムを日本の制度や現状に沿うよう加筆、編集。

3300円

発達障害者の就労支援ハンドブック　付録 DVD

ゲイル・ホーキンズ／著　森田美子／監訳

長年の就労支援を通じて92％の成功を収めている経験と実績の支援マニュアル！ 就労支援関係者の必読、必携ハンドブック！「指導のための４つの柱」にもとづき、「就労の道具箱10」で学び、大きなイメージ評価と具体的な方法で就労に結びつける！

3520円

1980円

9刷

2200円

あたし研究　自閉症スペクトラム～小道モコの場合
あたし研究2　自閉症スペクトラム～小道モコの場合

小道モコ／文・絵

自閉症スペクトラムの当事者が「ありのままにその人らしく生きられる」社会を願って語りだす―知れば知るほど私の世界はおもしろいし、理解と工夫ヒトツでのびのびと自分らしく歩いていける！